Claudia Schoppmann

Zeit der Maskierung

Lebensgeschichten lesbischer Frauen
im »Dritten Reich«

Fischer Taschenbuch Verlag

Die Frau in der Gesellschaft
Herausgegeben von Ingeborg Mues

Bildnachweis
S. 33: Leihgabe des Frauenforschungs-, Bildungs- und Informationszentrums Berlin; S. 34: © Pieke Biermann für Petra Haffter Filmproduktion; S. 45: Anneliese W.; S. 46: © Bettina Flitner; S. 63 und 64: © Ullstein; S. 81: © Ullstein – Gert Hilde; Zeichnungen nach S. 84: Privatbesitz; S. 99: Claudia Schoppmann; S. 109: Annette Eick; S. 110: Claudia Schoppmann; S. 127: Elisabeth Zimmermann; S. 137: Elisabeth Leithäuser; S. 138: Margarethe Rosenberger; S. 147: © Berlin Document Center; S. 161: © Stiftung »Neue Synagoge Berlin – Centrum Judaicum«; S. 162: Leihgabe von Ilse Kokula.

Veröffentlicht im Fischer Taschenbuch Verlag GmbH,
Frankfurt am Main, Juli 1998

Lizenzausgabe mit freundlicher Genehmigung des
Orlanda Frauenverlages, Berlin
© Orlanda Frauenverlag GmbH, Berlin 1993
Druck und Bindung: Clausen & Bosse, Leck
Printed in Germany
ISBN 3-596-13573-7

Inhalt

Zeit der Maskierung
Eine Einleitung 9

»Nicht Opfer, sondern immer Kämpferin«
Hilde Radusch (1903–1994). 32

**»Was konnteste denn machen –
Hitler war an der Macht«**
Anneliese W. (1916–1995) 43

»Rrrraus mit den Männern aus'm Reichstag!«
Claire Waldoff (1884–1957) 61

»Finden sie mich oder finden sie mich nicht«
Gertrude Sandmann (1893–1981) 79

»Ich war dann sehr vorsichtig mit meinen Reden«
Margarete Knittel (1906–1991). 97

**»Hätte ich den Briefträger verpaßt,
dann wäre ich in Auschwitz gelandet«**
Annette Eick (Jahrgang 1909) 108

»Wir waren ja sozusagen der Feind«
Elisabeth Zimmermann (1913–1995) 126

»Ich hatte mich in mein Privatleben gestürzt«
Elisabeth Leithäuser (Jahrgang 1914). 135

**»Ich bin ein durch und durch
deutsch fühlender Mensch«**
Ruth Margarete Roellig (1878–1969) 146

**»Die schlechten Mächte rennen um die Welt herum
und suchen nach der Seele«**
Freia Eisner (1907–1989) 159

Ohne vielfältige Unterstützung wäre dieses Buch nicht möglich gewesen. Danken möchte ich vor allem: dem Förderprogramm Frauenforschung bei der Berliner Senatsverwaltung für Arbeit und Frauen, das diese Arbeit mit einem Stipendium unterstützte. Mit Auskünften, beratender und tatkräftiger Unterstützung halfen mir Elaine Holliman, Los Angeles; Madeleine Marti, Zürich; Ahlrich Meyer, Bochum; sowie Petra Budke, Ute Dümpelfeld, Kirsten Eick, Käthe Horvath-Mohacsi, Jessica Jacoby, Gerd zu Klampen, Ilse Kokula, Kitty Kuse, Heide und Jürgen Lohse, Lene Ludwig, Gabriele Mittag, Edith Schober, Astrid Schuhl, Pamela Selwyn, Klaus Täubert, Martina Voigt, ferner die Jeanne-Mammen-Gesellschaft und die Frauen des Spinnboden, Archiv zur Entdeckung und Bewahrung von Frauenliebe (alle Berlin). Für das konstruktive Lektorat danke ich Astrid Becker und Marion Kappel. Mein besonderer Dank gilt allen meinen Gesprächspartnerinnen, die mir ihre Lebensgeschichten anvertrauten.

Claudia Schoppmann

Zeit der Maskierung
Eine Einleitung

Am 30. November 1940 wird Elli Smula in das Frauen-Konzentrationslager Ravensbrück eingeliefert. Gerade sechsundzwanzig Jahre ist sie alt. Als Haftgrund wird in der Zugangsliste des Lagers »lesbisch« genannt. Wie in allen Konzentrationslagern teilt die SS auch in Ravensbrück die Häftlinge in verschiedene, mit Winkeln markierte Kategorien ein, um sie besser gegeneinander ausspielen und Widerstand leichter verhindern zu können. Elli Smula bekommt einen roten Winkel, wird also den »Politischen« zugeordnet. Die Kennzeichnung mit dem rosa Winkel blieb den aufgrund tatsächlicher oder vermeintlicher Homosexualität kriminalisierten Männern »vorbehalten«, so daß es keine gesonderte Häftlingskategorie lesbischer Frauen gab. Wie Elli Smulas Leben vor der Verhaftung verlief, ob und wie sie das Lager überstand, wissen wir nicht. Ebenso sind die Umstände, die zu ihrer Inhaftierung führten, unbekannt. Hatte sie gegen die rigide Sexualmoral der Nazis verstoßen? War sie als unverheiratete, kinderlose Frau dem Blockwart aufgefallen und denunziert worden? War sie vielleicht bei einer Razzia in einem einschlägigen Lokal festgenommen worden?

Dies sind Fragen, die allzu lange ungestellt blieben; Fragen, die kaum noch beantwortet werden können. Auch mehr als fünfzig Jahre nach Kriegsende gibt es »vergessene«, verdrängte Seiten im schrecklichsten Kapitel deutscher Geschichte. Wie veränderte sich das Leben der Frauen nach der Machtübernahme der Nazis? Was wurde aus den kleinen Freiräumen, die sie sich vor allem in der Weimarer Republik erkämpft hatten? Wurden sie aufgrund ihrer Liebe zu Frauen zu Gegnerinnen oder Opfern des Regimes? Welche Konsequenzen hatte die homophobe NS-Ideologie für sie? In der öffentlichen Diskussion und für die Geschichtswissenschaft war die nationalsozialistische Position zur weiblichen Homosexualität[1] bisher kein Thema – und das nicht nur, weil es keine *systematische* Verfolgung lesbischer Frauen gegeben hat. Nicht nur der Wissenschaftsbetrieb tut sich schwer, Homosexualität als eine ebenso sozial und historisch geprägte Kategorie wie Geschlecht anzuerkennen. In den letzten Jahren wurde allenfalls angefangen, das Schicksal homosexueller Männer zu erforschen. Bei dem Versuch, die Geschichte(n) lesbischer Frauen im Nationalsozialismus zu rekonstruieren, stößt man auf viele Schwierigkeiten. Nicht nur, weil kaum (noch) diesbezügliche Akten und Dokumente existieren, es gibt aufgrund fortbestehender Diskriminierung auch keine entsprechenden Selbstzeugnisse von Frauen, und es ist schwierig, gesprächsbereite Zeitzeuginnen zu finden.

Der Homosexualität, einem »abweichenden Verhalten« in sexueller wie in sozialer Hinsicht, stand der Nationalsozialismus prinzipiell feindlich gegenüber. Ihre Eliminierung war erwünscht, denn die Homosexualität stellte durch ihre bloße Existenz die auf die Produktion »erbgesunder« »Arier« ausgerichtete NS-Sexualmoral in Frage. Die braunen Machthaber entwickelten keine explizit nationalsozialistische Homosexualitäts-Ideologie. Sie konnten sich, ähnlich wie beim Antisemitismus, auf eine tiefverwurzelte, kirchlich beeinflußte und von der Pathologisierung durch die Medizin geprägte Homophobie der Bevölkerungsmehrheit stützen. Weder das Jahr der Machtübernahme noch das Kriegsende bedeuteten eine grundsätzliche ideologische Zäsur in der Einstellung zur Homosexualität. NS-spezifisch war vielmehr die Art und Weise, mit der diese Ideologie schließlich in die Praxis umgesetzt wurde.

Die Homosexuellenpolitik der Nationalsozialisten setzte auf »Abschreckung durch Strafe«, auf vermeintliche »Umerziehung«. Sie richtete sich in erster Linie gegen homosexuelle Betätigung, nicht gegen das Bestehen der »Anlage«, und hatte nicht die physische Vernichtung *aller* Homosexuellen zum Ziel. Dies kann nicht ausschließlich mit den naheliegenden Schwierigkeiten bei der Erkennung und Erfassung erklärt werden. In der Tat war die Stigmatisierung und Ausgrenzung von homosexuellen Männern und Frauen wesentlich schwieriger als die ethnischer Minderheiten und politischer GegnerInnen, die standesamtlich und anderweitig registriert waren. Allem Gerede vom Prototyp des effeminierten Mannes und des »Mannweibs« zum Trotz waren die meisten Homosexuellen keineswegs untrüglich zu erkennen.

Um eine optimale und vor allem sozialpolitisch dauerhafte Bekämpfung der »Krankheit« Homosexualität zu ermöglichen, war es dringend notwendig, ihre »Ursachen« zu klären. Die Behauptung einer angeborenen Homosexualität stimmte zwar mit dem im »Dritten Reich« favorisierten Biologismus überein; allerdings schien es politisch nicht opportun, wenn eine bei der »Herrenrasse« so weitverbreitete »Seuche« wie die Homosexualität – geschätzt wurden je ein bis zwei Millionen homosexuelle Männer und Frauen – durchweg angeboren und damit »unheilbar« sein sollte. Einen Ausweg sollte hier das Teile-und-herrsche-Prinzip und die immer wieder geäußerte Behauptung darstellen, daß die überwiegende Mehrheit der sich homosexuell Betätigenden »Verführte« seien, die man für »erziehbar« hielt, während man den Anteil der »auszumerzenden«, »anlagemäßigen« Homosexuellen auf etwa zwei Prozent bezifferte. Es gehört zu den menschenverachtenden Zynismen der NS-Zeit, daß drakonische Haftstrafen bis hin zur KZ-Haft einer vermeintlichen »Umerziehung« dienen sollten.

Daß trotz der propagandistischen Ausrottungsparolen nach der Machtübernahme eine abgestufte und differenzierte Homosexuellenpolitik praktiziert wurde, zeigt sich insbesondere an dem unterschiedlichen Vorgehen gegen homosexuelle Männer einerseits und Frauen andererseits. Schon dadurch unterschied sich die Homosexuellenverfolgung grundsätzlich von dem rassistischen Vernichtungskrieg, der sich vor allem gegen die jüdische Bevölkerung und Sinti und Roma richtete. Selbst im NS-Staat, dem Unrechtsstaat par excellence, gab es mit Ausnahme Österreichs, das auch nach der Annexion 1938 die Kriminalisierung von Frauen wegen »widernatürlicher Unzucht« beibehielt, keine strafrechtliche Verfolgung lesbischer Frauen. Gleichzeitig wurden rund 50 000 Männer nach Paragraph 175 StGB verurteilt und 10000–15000 in KZs eingeliefert, von denen rund zwei Drittel nicht überlebten. Wie ist diese auffallende Ungleichbehandlung homosexueller Männer und Frauen zu erklären, und waren letztere von anderer, nichtstrafrechtlicher Verfolgung bedroht?

Zu den sexualpolitisch vordringlichsten Maßnahmen gehörte nach der Machtübernahme die Zerstörung der öffentlichen und organisierten Homosexuellen-Bewegung, bildete sie doch mit ihren emanzipatorischen Forderungen und ihrer Infrastruktur einen sichtbaren Widerspruch zur NS-Sexualmoral. Die großen Organisationen wie das Institut für Sexualwissenschaft und der Bund für Menschenrecht wurden aufgelöst beziehungsweise zerstört, aber auch den kleinen Vereinigungen, von denen in den Lebensgeschichten immer wieder die Rede ist, wurde der Boden entzogen. Das Kommunikationsnetz wurde zerstört, Lokale geschlossen oder überwacht. Razzien und Denunziationen sorgten für ein Klima der Angst und führten verstärkt zu einem Rückzug ins Private, zu Maskierung und Doppelleben. Manche brachen aus Angst vor Entdeckung alle Kontakte ab und wechselten den Wohnort. Die Ansätze einer kollektiven lesbischen Lebensform und Identität, die sich ab der Jahrhundertwende und vor allem während der Weimarer Republik gebildet hatten, wurden zerstört, und die Auswirkungen sollten weit über das Ende des »Dritten Reichs« hinausreichen.

Als entscheidend für die Lebensbedingungen der lesbischen Frauen, die nicht durch ethnische Herkunft, Parteizugehörigkeit oder aus anderen Gründen gefährdet waren, sollte sich ihre Geschlechtszugehörigkeit, ihr Status als Frau erweisen. Die nationalsozialistische Frauenideologie sah eine prinzipielle Bestimmung der »arischen« Frau zu Mutterschaft und Ehe vor sowie strikt getrennte Lebens- und Arbeitsbereiche für Mann und Frau. Während für den Mann Erwerbsarbeit, Öffentlichkeit und Staat reserviert sein sollten, war das dem Mann untergeordnete »Reich« der Frau die Familie. Diese geschlechtsspezifische Arbeitsteilung mit den daran geknüpften unentgeltlichen Reproduktionsarbeiten war nicht nur für die Bevölkerungspolitik, sondern auch ökonomisch von großer Bedeutung. Die tatsächliche Situation im »Dritten Reich« sah jedoch häufig anders aus und wich erheblich von diesen »Idealvorstellungen« ab: Besonders während des Krieges war die Quote der Frauenerwerbsarbeit relativ hoch.

Eine auf Steigerung der Geburtenrate abzielende Bevölkerungspolitik war eine unabdingbare Voraussetzung für die von den Nazis angestrebte kriegerische Eroberungspolitik – besonders angesichts eines Geburtendefizits, das für die Jahre zwischen 1915 und 1933 im Vergleich zu den achtzehn vorangegangenen Jahren auf vierzehn Millionen geschätzt wurde. Eine Ehe war unter diesen Voraussetzungen nicht Selbstzweck, nicht »mehr nur Sache der Liebe, sondern steht unter politischer Verantwortung, unterliegt den Forderungen der Rassenpflege und Rassenpolitik. Kinder zeugen und gebären ist eine nationale Pflicht […]«.[2] Die »echte Frau«, so hieß es im *Schwarzen Korps*, dem Organ der SS, leide schwer unter Ehelosigkeit, »aber sie leidet nicht an dem ihr fehlenden Geschlechtsverkehr, sondern an dem ihr fehlenden Kind, an der Nichterfüllung ihrer Bestimmung zur Mutterschaft«.[3]

Die nach wie vor bestehenden kinderlosen Ehen wurden demzufolge heftig attackiert. Der prominente Bevölkerungswissenschaftler Friedrich Burgdörfer bezeichnete sie als »völkische Fahnenflucht«.[4] Insbesondere lesbische Frauen waren von der Propaganda gegen ledige und kinderlose Frau betroffen, da sie aus naheliegenden Gründen häufiger unverheiratet waren als heterosexuelle Frauen. Nach 1933 heirateten etliche der schätzungsweise 1,4 Millionen lesbischen Frauen, um dem gesellschaftlichen Druck zu entgehen. Auch sie waren mit dem Problem einer ungewollten Schwangerschaft konfrontiert. Im günstigsten Fall konnten die Frauen einen homosexuellen Mann heiraten, dem die Eheschließung ebenfalls größeren, wenngleich keineswegs absoluten Schutz bot. Für eine Berliner Modezeichnerin begann 1933 »die Zeit der Maskierung«:

»Ich lebte schon seit Jahren mit meiner Freundin zusammen. Manchmal munkelten die Leute: ›Haben die was zusammen?‹ Als das Dritte Reich ›ausbrach‹, hieß es dann bösartig: ›Die haben doch was zusammen!‹ Da waren die Hauswarte und Blockwarte, die in unser Privatleben ›hineinleuchteten‹ und Meldungen erstatten sollten. Unsere Zimmervermieterin wurde ausgefragt, ob sie etwas über unser ›Intimleben‹ wüßte. Eines Tages kam unser Chefredakteur zu mir ins Atelier und sagte ungeduldig, ich müsse endlich heiraten oder er könne mich nicht weiter beschäftigen.«

Die Modezeichnerin und ihre Freundin beschließen, mit zwei homosexuellen Freunden zusammenzuziehen.

»Aber damit hatten wir den ›Geboten der neuen Zeit‹ noch nicht Genüge getan. Wieder war es der Hauswart mit dem Parteiabzeichen, der uns sagte: ›Sie können doch nicht in wilder Ehe leben, das ist nicht im Sinne des Führers.‹ Dabei war der Mann nicht böswillig, sondern ein netter Berliner. Immerhin, wenn der schon so redete ... Also beschlossen wir zwei Frauen, unsere zwei Freunde zu heiraten. Das jedoch stürzte uns in neue Konflikte. Ich brauchte jedenfalls lange, um mich daran zu gewöhnen, daß mich jemand fragte, wie es meinem Mann ginge. ›Wieso?‹ fragte ich zurück. Und erst dann fiel mir ein, daß ich mich mit einer Heirat tarnte.«[5]

Trotz eheförderner Maßnahmen, einer intensiven Mutterschaftspropaganda und gleichzeitiger Verschärfung des Abtreibungsverbotes konnte das Regime jedoch nur einen geringen Anstieg bei den Eheschließungen und Geburten verbuchen. Gleichzeitig wurden »rassenhygienische« Maßnahmen durchgeführt, insbesondere die Zwangssterilisation von 400 000 als »erbkrank« abqualifizierten Menschen, und der mörderische Antisemitismus und Rassismus sprach den als »minderwertig« klassifizierten ethnischen Minderheiten gar pauschal das Lebensrecht ab. »Auslese« auf der einen und »Ausmerze« auf der andern Seite waren stets zwei Seiten *einer* Medaille. Der NS-Staat beanspruchte die totale Verfügungsgewalt über das generative Verhalten und das Leben der Menschen, was je nach ihrer Positionierung in der »Werte«-Hierarchie höchst unterschiedliche Konsequenzen hatte.

Seit der Machtübernahme wurden Frauen aus den wenigen einflußreichen öffentlichen Bereichen und Führungspositionen, die sie sich in den zwanziger Jahren mühsam erkämpft hatten, sowie aus Berufen mit hohem Sozialprestige verdrängt. Auch in weniger qualifizierten Berufen gab es Benachteiligungen, vor allem finanzieller Art. Die Aufrüstung wirkte einer Einschränkung der Frauenerwerbsarbeit jedoch entgegen. Diese nahm sogar zu, auch wenn die Qualifikation der Frauen sank. Nicht zuletzt unverheiratete lesbische Frauen, die zur Erwerbsarbeit gezwungen waren, waren hiervon betroffen. War ihre Homosexualität am Arbeitsplatz bekannt, drohte ihnen nicht selten die Entlassung.

Mit Hilfe der nach dem Reichstagsbrand erlassenen »Notverordnung zum Schutz von Volk und Staat« vom 28. Februar 1933, die die meisten demokratischen Grundrechte außer Kraft setzte, wurden nach 1933 auch die verschiedenen Flügel der Frauenbewegung verboten beziehungsweise »gleichgeschaltet«. Damit wurde eine Bewegung zerstört, die mit ihren Gleichberechtigungsforderungen die traditionelle Rollenverteilung in Frage stellte, und von der die Nationalsozialisten annahmen, daß sie nicht nur »lesbisch unterwandert« sei, sondern sich auch am ehesten für die Belange lesbischer Frauen einsetzte, obwohl das für die zwanziger Jahre nicht nachweisbar ist. Der Einsatz der Frauenbewegung für bessere Bildungs- und Berufschancen für Frauen war von unmittelbarem Interesse für die auf Erwerbsarbeit angewiesenen lesbischen Frauen gewesen. Ihre Homosexualität beziehungsweise deren gesellschaftliche Diskriminierung hatten sie jedoch nicht zum Thema gemacht, denn die Tabuisierung der Homosexualität war selbst in der Frauenbewegung zu groß. Mit der Zerschlagung und »Gleichschaltung« der Frauenbewegung und der Unterordnung der NS-Frauenorganisationen unter männliche Führung entfiele ein weiterer Grund für die Kriminalisierung lesbischer Frauen, argumentierten die Nationalsozialisten.

Das geschlechtsspezifische Vorgehen in puncto Homosexualität basierte auf der unterschiedlichen Beurteilung von männlicher und weiblicher Sexualität im allgemeinen und ist auf den ungleichen Status der Geschlechter zurückzuführen. Der NS-Staat ging von einer umfassenden »natürlichen« Abhängigkeit der Frau vom Mann aus – auch und besonders in sexueller Hinsicht –, die er so weit wie möglich gesetzlich und institutionell zu verankern suchte. Basierend auf einer jahrhundertealten patriarchalischen Tradition, die Passivität zum weiblichen Geschlechtscharakter erklärte, schien eine selbstbestimmte weibliche Sexualität und damit auch Homosexualität undenkbar. All dies führte dazu, daß die Mehrheit der Nazis in der weiblichen Homosexualität keine Gefährdung der »Volksgemeinschaft« sahen.

Mit der Ermordung des (homosexuellen) Stabschefs der SA, Ernst Röhm, im Juni 1934 setzte die Verfolgung homosexueller Männer in größerem Umfang ein, und der Aufbau eines spezifischen Erfassungs- und Verfolgungsapparats unter der Direktive des besonders homophoben Reichsführer-SS Heinrich Himmler begann. Dabei wurde (vermeintliche) Homosexualität auch zur Ausschaltung politischer Gegner instrumentalisiert. Die Zuständigkeit des »Sonderreferats Homosexualität« beim Geheimen Staatspolizeiamt bis 1936 verdeutlicht den politischen Charakter der Verfolgung homosexueller »Staatsfeinde«, denen man eine den Männerstaat bedrohende Oppositionsbildung unterstellte.

Abschreckung durch Strafe sollte die einschneidende Verschärfung des Paragraphen 175 bezwecken, der seit 1851 ausschließlich sexuelle Handlungen zwischen Männern kriminalisierte. »Ein Mann, der mit einem anderen Mann Unzucht treibt oder sich von ihm zur Unzucht mißbrauchen läßt, wird mit Gefängnis bestraft«, lautete der Paragraph in der neuen Fassung vom Juni 1935 und sah Gefängnisstrafen bis zu fünf Jahren vor, der neugeschaffene § 175a gar Zuchthausstrafen bis zu zehn Jahren (für sogenannte qualifizierte Fälle, etwa wenn der Partner unter einundzwanzig war). Das Strafmaß, der Kreis potentieller Opfer und der Tatbestand waren damit extrem ausgeweitet; die Einschränkung auf sogenannte beischlafähnliche Handlungen, sprich Analverkehr, entfiel, und so stiegen die Verurteilungsziffern bis Kriegsbeginn von achthundert (1934) auf über achttausend jährlich an.

Während die Strafwürdigkeit der männlichen Homosexualität nie in Frage gestellt war, gab der Kriminologe Eduard Mezger auf einer Sitzung der Strafrechtskommission im Reichsjustizministerium, die für die Ausarbeitung eines neuen Strafrechts zuständig war, im September 1934 zu bedenken, die Frage nach der Strafbarkeit weiblicher Homosexualität sei »keine logische Frage, sondern eine Frage der Abwägung zwischen verschiedenen Übeln«,[6] wobei ihm das größere Übel die Kriminalisierung zu sein schien. Bei Strafbarkeit müsse mit einer Flut von Anzeigen gerechnet werden, da »die lesbische Liebe allgemein in Dirnenkreisen verbreitet« sei – womit einmal mehr Homosexualität mit Asozialität und Kriminalität gleichgesetzt worden war. Schließlich sprach sich die Strafrechtskommission des Justizministeriums 1935 mit folgenden aufschlußreichen Argumenten gegen eine Ausdehnung des Paragraphen auf Frauen aus:

Bei Männern wird Zeugungskraft vergeudet, sie scheiden zumeist aus der Fortpflanzung aus, bei Frauen ist das nicht oder zumindest nicht im gleichen Maß der Fall. Das Laster ist unter Männern stärker verbreitet als unter Frauen (abgesehen von Dirnenkreisen), entzieht sich auch bei Frauen viel mehr der Beobachtung, ist unauffälliger, die Gefahr der Verderbnis durch Beispiel also geringer. Die innigeren Formen freundschaftlichen Verkehrs zwischen Frauen würden die hier zumeist bestehenden Schwierigkeiten der Feststellung des Tatbestandes und die Gefahr unbegründeter Anzeigen und Untersuchungen außerordentlich erhöhen. Endlich ist [...] ein wichtiger Grund für die Strafbarkeit des gleichgeschlechtlichen Verkehrs die Verfälschung des öffentlichen Lebens, die eintritt, wenn man der Seuche nicht nachdrücklichst entgegentritt. [...] Wenn auch das Bestehen einer Anlage nicht strafrechtlich bekämpft werden kann, so doch ihre Betätigung – die Möglichkeit hemmungsloser Hingabe an sie würde die Verbreitung der Seuche und die Vertiefung ihrer Auswirkungen ganz außerordentlich fördern. Was früher Verfälschung des öffentlichen Lebens genannt wurde, kommt aber bei Frauen, bei der verhältnismäßig sehr bescheidenen Rolle der Frau im öffentlichen Leben, kaum in Betracht.[7]

Die unterschiedliche strafrechtliche Behandlung wurde also mit dem sozial bedingten Rollenverhalten legitimiert. Die emotionaleren Umgangsformen zwischen Frauen würden eine eindeutige Grenzziehung zwischen erlaubtem und verbotenem Verhalten und damit die Feststellung des Tatbestandes erschweren und könnten zu unbegründeten Anzeigen führen. Eine wenig überzeugende Begründung angesichts des bei Männern leichtfertig festgestellten Tatbestandes. Zweitens befürchtete man eine »Verfälschung des öffentlichen Lebens« durch die »Seuche Homosexualität«, weil sie die rigiden Geschlechtsnormen in Frage stellte, die für die Aufrechterhaltung der Staatsordnung unerläßlich waren. Diese Gefahr sei jedoch bei Frauen aufgrund ihrer generellen Unterordnung und ihres Ausschlusses aus den Machtzentren ungleich geringer. Drittens bewirkten die ehelichen Machtverhältnisse und das Stereotyp von der allenfalls »pseudohomosexuellen« und damit »kurierbaren« lesbischen Frau, das seit der Jahrhundertwende durch die medizinische Homosexualitätsforschung verfestigt worden war, daß man die Steigerung erwünschter Geburten durch die weibliche Homosexualität nicht gefährdet sah. »Die Frau ist – anders als der Mann – stets geschlechtsbereit«,[8] meinte der spätere Justizminister Thierack 1934. Die meisten Juristen und Bevölkerungspolitiker waren ebenfalls der Meinung, daß die Gefahr der »Verführung« bei Frauen für den Staat deswegen »lange nicht so groß« sei wie bei homosexuellen Männern, da »eine verführte Frau dadurch nicht dauernd dem normalen Geschlechtsverkehr entzogen werde, sondern bevölkerungspolitisch nach wie vor nutzbar bleiben werde«.[9]

Dennoch forderten einige Juristen die Ausdehnung des § 175 auf Frauen. Der aufgrund seiner Veröffentlichung heute bekannteste Vertreter einer Kriminalisierung lesbischer Frauen war der junge Jurist und SS-Scharführer Rudolf Klare. Für ihn war Homosexualität »Rassenentartung«, Ausdruck des »rassischen Verfalls«. »Es besteht kein Zweifel darüber, daß gleichgeschlechtliche Betätigung kein der deutschen Frau eigener Wesenszug ist«, behauptete er in seinem 1937 erschienenen Buch *Homosexualität und Strafrecht.* »Sie wird von jedem vielmehr als unsittlich verachtet. Der Fortentwicklung der rassischen Wertbestandteile steht die Tribadie[10] artgemäß entgegen, und sie kann nicht für sich in Anspruch nehmen, Hüterin deutschen Erbgutes zu sein.«[11]

Er stellte fest: »Als erste gesetzgeberisch-praktische Notwendigkeit hat sich – unter Wertung der Homosexualität als Rassenentartung – *die Bestrafung der weiblichen gleichgeschlechtlichen Betätigung* ergeben.«[12] Einschränkend gab er jedoch zu,

»daß die weibliche Homosexualität, wie sie gegenwärtig zu sehen ist, *kein politisches Problem* darstellt, wie es bei der männlichen der Fall ist.«[13]

Ein Jahr nach Erscheinen seines Buches forderte er in einem Zeitungsartikel[14] uneingeschränkt die Kriminalisierung weiblicher Homosexualität; sie gefährde die Bevölkerungspolitik, denn lesbische Frauen »verführten« heterosexuelle und hielten diese damit von ihren »völkischen Pflichten«, dem Kinderkriegen und -aufziehen, ab.

Zu den Vertretern einer harten Linie gehörten außerdem etwa Reichsminister Hans Frank sowie verschiedene Mitglieder der von Frank geleiteten Akademie für Deutsches Recht. Auch sie setzten sich für die Kriminalisierung ein und verwiesen auf den »rassezersetzenden«, »rasseentartenden« und damit »volksbedrohenden« Charakter der Homosexualität. Obwohl diese Argumentation im »Dritten Reich« äußerst populär war, konnte sie sich nicht durchsetzen. Hinzu kam, daß Hitler die Verabschiedung eines neuen Strafgesetzbuches verzögerte; mit Kriegsbeginn wurden alle Arbeiten daran eingestellt.

Mit der Propagierung traditioneller Geschlechtsnormen, die durch Homosexualität in Frage gestellt wurden, versuchte man, die regimestabilisierende heterosexistische Gesellschaftsstruktur aufrechtzuerhalten.

Um zu verhindern, daß Frauen aus dieser Ordnung ausbrachen, warnte man immer wieder mit dem gängigen Klischee, Homosexualität führe zur »Vermännlichung«. Andererseits, so klagte Goebbels 1942, fördere gerade das vom Regime vorgeschriebene militaristische Gehabe und die Uniformierung in den NS-Frauenorganisationen die »Verrohung und Vermännlichung unserer Frauen«.[15] Die »Vermännlichung« konnte sich auf Äußerlichkeiten wie Kleidung und Frisur beziehen. So hieß es im NS-Frauenbuch von 1934 warnend:

Zeigen sich in der Frauenkleidung Merkmale einer Geschlechtsverwischung, wie das Betonen eines schmalen Unter- und eines breiten Oberkörpers, also ein Anlehnen an männliche Körperformen, so sind das Entartungserscheinungen einer fremden Rasse, die fortpflanzungsfeindlich und daher volkszerstörend sind. Gesunde Rassen werden Geschlechtsunterschiede nicht künstlich verwischen.[16]

Dieses Normbild beeinflußte auch lesbische Frauen. Edith S. etwa, die einen homosexuellen Mann geheiratet hatte, wurde als »ungermanisch« beschimpft, da sie hartnäckig an ihrem Bubikopf festhielt. Um Anpöbeleien auf der Straße zu vermeiden, paßten deshalb viele ihr Aussehen und ihre Kleidung dem »weiblichen« Frauenbild an und waren gezwungen, ein psychisch belastendes Doppelleben zu führen.

Auch Himmler prangerte mehrmals die »Vermännlichung« der Frau an und sah im Aufweichen der Geschlechterpolarität eine Ursache für die Homosexualität. Was Himmler zur Homosexualität zu sagen hatte, war bedeutsam, unterstanden ihm doch als Reichsführer-SS und Chef der Deutschen Polizei ab 1936 nicht nur die zentrale Erfassungsbehörde, die »Reichszentrale zur Bekämpfung der Homosexualität und Abtreibung«, sondern auch alle regionalen und lokalen Polizeistellen. Bekannt ist, daß Himmler 1937 mehrmals zur Homosexualität Stellung nahm. In einer Rede vor SS-Gruppenführern im Februar 1937 äußerte er die Befürchtung, mangelnde »weibliche Reize« könnten im Männerstaat zur Homosexualität führen:

Wir dürfen die Qualität des Männerstaates und die Vorzüge des Männerbundes nicht zu Fehlern ausarten lassen. Wir haben insgesamt m. E. eine viel zu starke Vermännlichung unseres ganzen Lebens, die so weit geht, daß wir unmögliche Dinge militarisieren, daß wir – das Wort darf ich hier ganz offen aussprechen – nichts können in der Perfektion, als Menschen antreten, ausrichten und Tornister packen lassen. Ich empfinde es als eine Katastrophe, wenn ich Mädel und Frauen sehe – vor allem Mädel –, die mit einem wunderbar gepackten Tornister durch die Gegend ziehen. Da kann einem schlechtwerden. Ich sehe es als Katastrophe an, wenn Frauenorganisationen, Frauengemeinschaften, Frauenbünde sich auf einem Gebiet betätigen, das jeden weiblichen Reiz, jede weibliche Anmut und Würde zerstört. Ich sehe es als Katastrophe an, wenn wir die Frauen so vermännlichen, daß mit der Zeit der Geschlechtsunterschied, die Polarität verschwindet. Dann ist der Weg zur Homosexualität nicht weit.[17]

Und in einer Rede im Juni 1937 vor dem »Sachverständigenbeirat für Bevölkerungs- und Rassenpolitik«, einem wichtigen bevölkerungspolitischen Gremium im Reichsinnenministerium, sah Himmler die größte Gefahr darin, daß homosexuelle Männer zur »Tarnung« heirateten und das generative Potential der Ehefrauen, die Himmler auf eine Million bezifferte, »blockierten«.[18] Die in solchen Ehen zur »Tarnung« in die Welt gesetzten Kinder seien zusätzlich noch – da durch die »Anlage« zur Homosexualität belastet – »erbbiologisch minderwertig«.

Die Straffreiheit weiblicher Homosexualität war ein wesentlicher Grund dafür, daß sich die nach dem Röhm-Mord im Juni 1934 geschaffenen lokalen und zentralen Erfassungs- und Verfolgungsinstanzen bei der Gestapo und der Kriminalpolizei in erster Linie auf den homosexuellen männlichen »Staatsfeind« konzentrierten. Aufgrund der schwierigen Quellenlage lassen sich keine quantitativen Angaben darüber machen, inwieweit lesbische Frauen, die den Behörden beispielsweise durch Denunziationen bekannt wurden, erfaßt wurden. Vereinzelt deuten Indizien darauf hin, daß bei den Polizeibehörden, aber auch bei anderen Organisationen wie etwa dem Rassenpolitischen Amt der NSDAP Informationen über lesbische Frauen gesammelt wurden. Allerdings ist unbekannt, in welchem Umfang dies geschah und welche Konsequenzen die Erfassung für die betroffenen Frauen hatte.

Nur wenige Fälle sind nachweisbar, in denen Frauen wegen ihrer Homosexualität verfolgt wurden, denn offiziell wurden sie meist anderer »Vergehen«, zum Beispiel »politischer Unzuverlässigkeit« oder der »Wehrkraftzersetzung«, beschuldigt. Aus dem »Reichsarbeitsdienst für die weibliche Jugend« sind Fälle belegt, in denen ein sogenanntes Abhängigkeitsverhältnis vorlag, zum Beispiel zwischen Vorgesetzter und Untergebener oder zwischen Erzieherin und Schülerin, was nach § 176 StGB kriminalisiert werden konnte.

In größerem Maß waren lesbische Frauen möglicherweise von der sogenannten »Asozialen«-Verfolgung bedroht. Himmlers Erlaß zur »Vorbeugenden Verbrechensbekämpfung« vom Dezember 1937 ermächtigte die Polizei zu weitreichenden Maßnahmen im Kampf gegen die »inneren Feinde« der »Volksgemeinschaft«. So wurden nun auch nicht straffällig gewordene, sozial unangepaßte Personen – mit dem äußerst flexiblen Etikett der »Asozialität« belegt – von der Polizei ohne Ermächtigung durch die Justiz in sogenannte Vorbeugehaft genommen, das heißt in ein KZ eingewiesen. Als »asozial« galten alle, die sich dem totalen Leistungsanspruch des NS-Staates zu entziehen suchten. Dabei spielten das Arbeitsvermögen, generatives Verhalten und soziale Bedürftigkeit eine wesentliche Rolle, wovon insbesondere Menschen ohne festen Wohnsitz, Arbeitslose, Prostituierte, aber auch Homosexuelle sowie Sinti und Roma betroffen waren.

Rassenhygieniker, die SS oder das Rassenpolitische Amt sprachen häufig von Homosexuellen als dem »Prototyp des Asozialen«. Darüber hinaus wurde von den Nazis ein besonderer Zusammenhang zwischen lesbischen Frauen und Prostituierten behauptet. Es kann jedoch nicht einmal geschätzt werden, wie oft sich unter den als »asozial« Verhafteten auch lesbische Frauen befanden (oder wie oft lesbische Frauen wegen angeblicher Prostitution verhaftet wurden).

Der wegen seiner Homosexualität zehn Jahre in verschiedenen Lagern inhaftierte Erich Helbig hat in einem Interview einen solchen Fall geschildert.[19] Die 1917 geborene Else – ihr Nachname ist nicht bekannt – arbeitete in Potsdam als Kellnerin und wohnte dort mit ihrer Freundin zusammen. Sie wurde offenbar wegen ihrer Homosexualität inhaftiert und als »Asoziale« nach Ravensbrück eingewiesen. Von dort kam sie unter ungeklärten Umständen ins KZ Flossenbürg, in dem sich seit 1938 hauptsächlich als »Asoziale« oder »Kriminelle« eingestufte Männer befanden. Das Lagerbordell in Flossenbürg wurde zu Elses Leidensstation. Vermutlich war sie in Ravensbrück zur Prostitution gepreßt worden; die Frauen wurden mit dem falschen Versprechen geködert, daß sie nach einer gewissen Zeit im Bordell freigelassen würden. Erich lernte Else im Herbst 1943 in Flossenbürg im Häftlingslagerbordell kennen, das er zur »Umerziehung« aufsuchen mußte. Dort arbeitete Else einige Monate und war für Erich »der einzige Mensch, mit dem ich in den zehn Jahren Freundschaft geschlossen habe. Lesbische Frauen steckten die Nazis besonders gern in Bordelle. Da würden sie schon wieder auf Vordermann gebracht werden, meinten sie.« Else verschwand bald aus dem Lager und starb, vermutlich noch vor 1945. Auch ihr Schicksal kann nicht näher rekonstruiert werden. Möglich ist, daß sie nach Auschwitz deportiert wurde und dort umkam, nachdem die von der SS veranschlagte Zeit als Lager-Prostituierte von einem halben Jahr abgelaufen war.

Das folgende Beispiel verdeutlicht die mehrfache Gefährdung lesbischer Jüdinnen. Am 13. Januar 1940 wurde die ledige Verkäuferin Henny Schermann, eine Frankfurterin jüdischer Herkunft, unter nicht geklärten Umständen verhaftet und im März 1940 in Ravensbrück eingeliefert. In der Zugangsliste wurde als Haftgrund »politisch« genannt. Auch bei Mary Pünjer, einer jüdischen Hamburgerin, ist nicht genau bekannt, warum sie verhaftet und im Oktober 1940 in Ravensbrück eingeliefert wurde. »Asozial/lesbisch« hieß bei ihr der Haftgrund in der Lagerliste.

Aus den Kriegsverbrecherprozessen gegen den Arzt Friedrich Mennecke sind zwei von ihm ausgefüllte Meldebögen erhalten: »Jenny [sic] Sara Schermann, 19. 2. 12. Ffm. led. Verkäuferin in Ffm. Triebhafte Lesbierin, verkehrte nur in solchen Lokalen. Vermied den Namen ›Sara‹. Staatenlose Jüdin« und »Erna [sic] Sara Pünjer, geb. 24. 8. 04 Hamburg, verheiratete Volljüdin. Sehr aktive (›kesse‹) Lesbierin. Suchte fortgesetzt ›lesbische Lokale‹ auf u. tauschte im Lokal Zärtlichkeiten aus.«

Mennecke war an der sogenannten KZ-Euthanasie-Aktion beteiligt, bei der seit Anfang 1941 die Konzentrationslager von Ärzteteams »durchkämmt« wurden. Insbesondere die jüdischen Häftlinge wurden dabei erfaßt – die KZs auf deutschem Boden sollten »judenfrei« werden –, aber auch arbeitsunfähige, kranke nichtjüdische Häftlinge. In seiner Anstalt Eichberg, einem Zentrum der Kindereuthanasie, und in den KZs hat SS-Hauptsturmführer Mennecke mindestens 2500 Opfer selektiert: ihr sicherer Tod.

Kamen Schermann und Pünjer ins Lager, weil sie lesbisch waren oder von den Nazis dafür gehalten wurden? Da beide Frauen bereits 1940 in Ravensbrück eingeliefert wurden, ist es durchaus möglich, daß die tatsächliche oder vermeintliche Homosexualität zu ihrer »Inschutzhaftnahme« durch die Gestapo führte, während bei einer späteren Festnahme im Zuge der Massendeportationen auf eine individuelle »Begründung« verzichtet wurde. Bei der Ausstellung der Selektionsdiagnosen übernahmen die Euthanasie-Ärzte bei den jüdischen Häftlingen häufig die Verhaftungsgründe aus den (Gestapo-)Akten.

Auch hier sind wegen der Vernichtung beziehungsweise des Verlustes von Aktenmaterial keine näheren Angaben zur Lebensgeschichte und zum Hintergrund ihrer Verhaftung mehr möglich. Die Formulierung im Meldebogen läßt jedoch vermuten, daß die Frauen bei einer Razzia in einem einschlägigen Lokal festgenommen worden waren. Die Begegnung mit Mennecke, der im Dezember 1941 in Ravensbrück selektierte, wurde für sie zum Todesurteil. Sie wurden Anfang 1942 in der »Heil- und Pflegeanstalt Bernburg« bei Dessau vergast.

Aus den genannten Gründen ist nicht nachweisbar, wie viele Frauen wegen ihrer Homosexualität das Grauen der Konzentrationslager erfahren mußten. Fest steht lediglich, daß es keine systematische Verfolgung lesbischer Frauen gegeben hat, die mit der homosexueller Männer vergleichbar ist. Der Mehrheit lesbischer Frauen blieb das Lagerschicksal erspart, wenn sie nicht anderweitig gefährdet und bereit waren, sich anzupassen. Sie waren nicht per se Opfer oder Gegnerinnen des Regimes. Die Mehrheit versuchte, nicht aufzufallen. Viele waren aufgrund antifaschistischer Arbeit oder jüdischer Herkunft zum Verlassen ihrer Heimat gezwungen, darunter die Schulgründerin und Lyrikerin Vera Lachmann,[20] die Schauspielerin Ilka Grüning und die Ärztin Charlotte Wolff.[21]

Einige leisteten Widerstand und versuchten, in Not geratenen Menschen zu helfen. Von einem solchen Fall berichtete mir der Journalist Erwin Friedrich, der 1942/43 als Fähnrich in Liegnitz stationiert war. Er war damals als Transvestit, das heißt in Frauenkleidern, öfter zu einem »geselligen Kreis« in Liegnitz gegangen, der von Gertraude Sailer und ihrer Freundin Anita Killa geführt wurde. Anita Killa wurde als Fernschreiberin dienstverpflichtet und kam dann zum Militärischen Abschirmdienst in Liegnitz. Eines Tages jedoch flogen die von Homosexuellen besuchten Zusammenkünfte auf, und vor allem die Soldaten unter den BesucherInnen, darunter auch Erwin Friedrich, wurden zur Vernehmung geladen. Einige Zeit später benachrichtigte ihn der ihm wohlgesonnene Kompaniechef, daß »alle Gefahr vorüber« sei; Friedrich wurde nach Sizilien versetzt. Anita Killa war es gelungen, alle belastenden Akten verschwinden zu lassen. Doch sie selbst wurde verhaftet, vor Gericht gestellt und zu sechs Jahren Zuchthaus verurteilt. Bei der Evakuierung des Breslauer Gefängnisses im Winter 1944/45 starb sie an Entkräftung und Kälte.

Manche lesbischen Frauen dagegen schreckten vor der Denunziation Unschuldiger[22] nicht zurück oder kollaborierten mit dem Regime, wie etwa die österreichische Schriftstellerin Grete von Urbanitzky (1893–1974), Verfasserin des populären Lesbenromans *Der wilde Garten* (1927). Nicht nur propagierte sie in ihren Schriften schon in den zwanziger Jahren nationalsozialistisches Gedankengut, als Mitbegründerin und Vizepräsidentin des österreichischen PEN-Clubs unterstützte sie die Nazis aktiv, was sie allerdings nicht davor schützte, schließlich selbst in die Schußlinie zu geraten. Sie sah sich 1936 gezwungen, nach Frankreich und später in die Schweiz überzusiedeln. 1941 wurden sämtliche ihrer Bücher in Deutschland verboten.[23]

Die in diesem Buch veröffentlichten Lebensgeschichten sind ein Beitrag zur bisher nur in Ansätzen vorhandenen Sozialgeschichte lesbischer Frauen.[24] Die Portraits wollen der Leserin und dem Leser eine lebendige und authentische Vorstellung davon vermitteln, was es im »Dritten Reich« heißen konnte, als lesbische Frau zu leben. So individuell die zehn Lebensgeschichten sind – sie verdeutlichen exemplarisch bestimmte historische Prozesse und kollektive Erfahrungen. Sie basieren auf Recherchen in Archiven und Nachlässen und auf mehreren lebensgeschichtlichen Interviews, die ich im Rahmen meiner Dissertation *Nationalsozialistische Sexualpolitik und weibliche Homosexualität* zwischen 1986 und 1988 durchgeführt habe.

Ganz unterschiedliche Frauen werden beschrieben oder kommen in Interviewauszügen zu Wort. Kleinster gemeinsamer Nenner ist ihre Liebe zu Frauen, die herrschenden Vorurteilen und Moralvorstellungen zufolge oft genug mit Krankheit, Verbrechen und Sünde gleichgesetzt wurde. Unter diesen Umständen war es nicht einfach, eine positive lesbische Identität zu entwickeln. Es ist auffällig, wie viele der Frauen Homosexualität als eine »angeborene Naturveranlagung« interpretieren. Dies war nicht zuletzt eine Reaktion auf die pathologisierenden Vorurteile.

In bezug auf ihre ethnische Herkunft, Klasse oder politische Überzeugung sind die Frauen jedoch sehr unterschiedlich. Ihre Geburtsdaten umfassen eine Spanne von knapp vierzig Jahren: Die älteste Frau, die Schriftstellerin Ruth Roellig, wurde bereits 1878 geboren, die jüngste, Anneliese W., dagegen erst 1916. Manch ein Aspekt bleibt unberücksichtigt, und das nicht nur wegen der relativ kleinen Anzahl von Lebensgeschichten. Kaum thematisiert wird zum Beispiel die Erfahrung, als lesbische Frau in der »Provinz«, in Isolierung und Vereinzelung gelebt zu haben. Nicht zufällig wohnten die meisten Interviewten zumindest zeitweise in Berlin, dem lesbischen Eldorado der zwanziger Jahre. Auch kommt keine Arbeiterin oder überzeugte Nationalsozialistin zu Wort, da es außerordentlich schwierig ist, eine geeignete Gesprächspartnerin zu finden.

Lesbische Geschichtsforschung ist mit immensen Schwierigkeiten konfrontiert, die sich aus Definitions-, Methoden- und Quellenproblemen ergeben. Die bis heute anhaltende Diskriminierung trug mit dazu bei, daß es fast keine Selbstzeugnisse lesbischer Frauen gibt[25] und daß einschlägiges Material (Briefe, Tagebücher etc.) oft von ihnen selbst oder der Nachwelt vernichtet wurde. BiographInnen haben häufig die Lebensläufe lesbischer Frauen von dem vermeintlich rufschädigenden Aspekt »gesäubert« und sie als heterosexuell dargestellt.

Problematisch ist natürlich die Streitfrage, was als ›lesbisch‹ definiert werden soll. Soll sich dieser Begriff nur auf eine sexuelle Praktik beziehen – die *in der Regel* kaum nachgewiesen werden kann – oder auf eine Lebensform, in der die politische, intellektuelle, emotionale und sexuelle Kraft einer Frau auf andere Frauen gerichtet ist? Oder soll ›lesbisch‹ nur auf Frauen angewandt werden, die eine solche Selbstdefinition akzeptieren? Dann wäre es allerdings um die lesbische Geschichtsforschung schlecht bestellt, denn viele frauenliebende Frauen insbesondere der älteren Generation können oder wollen sich mit diesem bis heute negativ belegten Begriff, der sie zu Außenseiterinnen abstempelt, nicht identifizieren.

Lesbische Erfahrung variiert von Kultur zu Kultur, von Epoche zu Epoche und von Individuum zu Individuum. Natürlich ist es unmöglich, für alle Zeiten verbindlich festzulegen, was der historisch moderne und durch die Sexualwissenschaft stark pathologisierte Begriff ›lesbisch‹ bedeutet. Es ist wichtig, die Mechanismen der Unterdrückung und Entstellung abweichender Lebensformen in einer heterosexistischen Gesellschaft zu durchschauen und die daraus resultierenden unterschiedlichen Bewertungskriterien aufzuzeigen. Dazu gehört etwa der Zwang, die These, diese oder jene Frau sei lesbisch gewesen, »beweisen« zu müssen – während umgekehrt ganz automatisch davon ausgegangen wird, daß eine Frau heterosexuell ist.

Die Methode der *oral history*, die auf der mündlichen Befragung von ZeitzeugInnen basiert, ist ein wichtiges, wenn auch nicht unproblematisches Mittel, um lesbischen Frauen eine »eigene Stimme« und die Möglichkeit zu geben, sich ihre Geschichte (wieder) anzueignen und daraus Lehren für die Zukunft zu ziehen. »Trotz aller Verzerrungen, trotz der Erinnerungslükken und des dem biographischen Erzählen innewohnenden Hanges zur Verschönerung der Selbstdarstellung«, stellt Michael Pollak in seinem Buch *Die Grenzen des Sagbaren* über die Lebensgeschichten jüdischer KZ-Überlebender fest, »vermag eine Lebensgeschichte über ihre eindringliche Sprache oft mehr zu vermitteln und über die Vergangenheit Nuancierteres, also Genaueres und Vielfältigeres auszusagen als zum Beispiel ausführliche statistische Reihen, deren heuristischer Wert hier nicht bestritten werden soll. Gerade durch die Betroffenheit, die sie beim Zuhörer oder Leser auszulösen vermag, bietet die mündliche Geschichte oft eine Gelegenheit, tragische Ereignisse anschaulich zu vermitteln, die sonst leicht dem vorherrschenden Hang, zu vergessen und zu verdrängen, zum Opfer fallen.«[26]

Man kann auch Lutz van Dijk nur recht geben, der in seinem Buch über Lebensgeschichten homosexueller Männer im »Dritten Reich« behauptet, »daß jemand, der nicht über seine eigene Geschichte verfügt – biographisch wie historisch –, es ungleich schwerer hat, seine Gegenwart bewußt und selbstbewußt zu gestalten. Und dies scheint für viele Minderheiten zu gelten: daß sie ihrer Geschichte enteignet wurden, daß sie verleugnet wird wie die aktuelle Existenz derjenigen, die sie überlebt haben.«[27]

Interviews machen die subjektive Erfahrung von Geschichte sichtbar, das heißt, sie nehmen nicht in Anspruch, etwas so darzustellen, wie es »in Wirklichkeit« war. »Wahr« sind in der Geschichte nur Jahreszahlen und Ereignisse, doch deren Wahr-Nehmung unterscheidet sich bekanntermaßen oft erheblich. Das Gedächtnis arbeitet selektiv, und die Erinnerung an fünfzig Jahre oder noch weiter zurückliegende Ereignisse kann verzerrt, geschönt und stilisiert sein und überlagert von neueren Erkenntnissen und Einstellungen. Aber auch Verschwiegenes, Nichtthematisiertes ist mitunter vielsagend: So haben einige meiner nichtjüdischen Gesprächspartnerinnen das Thema »Auschwitz«, die unvorstellbaren Verbrechen der Nazis insbesondere an der jüdischen Bevölkerung, in ihren Erinnerungen ausgeblendet oder reagierten auf meine Fragen gar mit Schuldzuweisung an die Adresse der Opfer.

Zu den angesprochenen generellen Problemen der *oral history*-Methode kommen hier spezifische Schwierigkeiten. Erstens die der Kontaktaufnahme. Es gibt keine Organisation, die als Ansprechpartner hätte dienen können. Anzeigen erwiesen sich als zwecklos. Ilse Kokula, die seit Mitte der siebziger Jahre Gespräche mit älteren lesbischen Frauen führte, hat mir freundlicherweise einige Kontakte vermittelt. Das Schneeballsystem und nicht zuletzt abenteuerliche Zufälle, die mich beispielsweise auf die nach England geflüchtete Annette Eick aufmerksam machten, halfen weiter. Einige Frauen, mit denen ich in Kontakt kam, konnten jedoch nicht davon überzeugt werden, daß sie ein berichtenswertes Leben gelebt haben. Andere befürchteten trotz zugesicherter Anonymisierung Benachteiligungen oder hatten Angst, durch den Erinnerungsprozeß zu sehr belastet zu werden. Darüber hinaus sind viele Zeitzeuginnen und potentielle Gesprächspartnerinnen bereits verstorben oder aus gesundheitlichen Gründen nicht mehr in der Lage, sich den Strapazen eines langen Interviews auszusetzen. Den Frauen, die sich dennoch bereitfanden, mir aus ihrem Leben zu berichten, gilt mein besonderer Dank.

Dieses Buch will auch dazu beitragen, lesbische Frauen nicht nur als Opfer wahrzunehmen. Der Wunsch, sich mit den Opfern der Geschichte zu identifizieren, mag zwar psychologisch verständlich sein, verstellt aber den Blick auf die tatsächlichen Handlungsspielräume: Lesbische Frauen waren, und dies gilt nicht nur für die NS-Zeit, unter Umständen Täterin, Mittäterin und/oder Opfer. Es gibt keine »Gnade der weiblichen Geburt«, und auch Homosexualität prädestiniert nicht zu einem bestimmten sozialen Handeln oder Verhalten.

Anmerkungen

1 Ausführlich ist dieses Thema in meinem Buch *Nationalsozialistische Sexualpolitik und weibliche Homosexualität*. Pfaffenweiler [2] 1997 dargestellt.
2 Horst Becker: *Die Familie*, 1935, S. 146.
3 *Das Schwarze Korps*, 3. Jg. Folge 42 v. 21. 10. 1937, S. 5.
4 Friedrich Burgdörfer: *Bevölkerungsentwicklung im Dritten Reich*, 1937, zit.n. Norbert Westenrieder: *»Deutsche Frauen und Mädchen!« Vom Alltagsleben 1933–1945*. Düsseldorf 1984, S. 31.
5 K.v.Sch.: »Es begann die Zeit der Maskierung«, in: *Wir erlebten das Ende der Weimarer Republik*. Hg. Rolf Italiaander. Düsseldorf 1982, S. 98 f.
6 Bundesarchiv Koblenz (BAK) R22/973, Bl.1–5. Bericht über die 45. Sitzung der Strafrechtskommission am 18. 9. 1934.
7 Franz Gürtner (Hg.): *Das kommende deutsche Strafrecht. Besonderer Teil: Bericht über die Arbeit der amtlichen Strafrechtskommission*. Berlin 1935, S. 126.

8 BAK R 22/973, Bl.5.
9 BAK R 61/127, Bl.198. Ministerialdirigent Schäfer auf einer Sitzung der Akademie für Deutsches Recht am 2. 3. 1936.
10 Ab der Jahrhundertwende verwandter Begriff für weibliche Homosexualität.
11 Rudolf Klare: *Homosexualität und Strafrecht*. Hamburg 1937, S. 122.
12 Ebd., S. 13, Hervorhebung im Original.
13 Ebd., S. 131, Hervorhebung im Original.
14 *Deutsches Recht*, 8. Jg. 1938, S. 503–507.
15 Goebbels 1942, zit.n. Westenrieder, S. 51.
16 NS-Frauenbuch, München 1934.
17 Himmler am 18. 2. 1937 vor SS-Gruppenführern in Bad Tölz. Zit.n. Bradley F. Smith und Agnes F. Peterson (Hg.): *Heinrich Himmler: Geheimreden 1933–1945 und andere Ansprachen*. Frankfurt/M. 1974, S. 93–104, hier: S. 99.
18 BAK NS 2/41, Bl.57–73. Rede Himmlers am 15. 6. 1937 vor dem Sachverständigenbeirat für Bevölkerungs- und Rassenpolitik.
19 Jürgen Lemke: *Ganz normal anders. Auskünfte schwuler Männer aus der DDR*. Frankfurt/M. 1989, S. 13–30.
20 Siehe meinen Aufsatz »Reise ohne Rückkehr«, in: Ihrsinn, 8. Jg. 1997, Nr. 15, S. 14–20.
21 Weitere Beispiele finden sich in meinem Buch *Im Fluchtgepäck die Sprache. Deutschsprachige Schriftstellerinnen im Exil*. Frankfurt/M. 1995.
22 Ein solcher Fall ist dokumentiert in *Justiz und Verbrechen. Sammlung deutscher Strafurteile wegen nationalsozialistischer Tötungsverbrechen 1945–1966*. Hg. A. Rüter-Ehlermann, H.H. Fuchs und C.F. Rüter. Amsterdam 1973. Bd.10, S. 152–169.
23 Ursula Huber: »*Frau und doch kein Weib*«. *Zu Grete von Urbanitzky. Monographische Studie zur Frauenliteratur in der österreichischen Zwischenkriegszeit und im Nationalsozialismus*. Diss.phil. Wien 1990.
24 Siehe auch Ilse Kokula: *Weibliche Homosexualität um 1900 in zeitgenössischen Dokumenten*. München 1981; dies.: *Jahre des Glücks, Jahre des Leids. Gespräche mit älteren lesbischen Frauen*. Kiel 1990; *Eldorado. Homosexuelle Frauen und Männer in Berlin 1850–1950*. Hg. Berlin Museum. Berlin 1992; Magnus Hirschfeld: *Berlins Drittes Geschlecht*. (Reprint von 1904) Berlin 1991; ders.: *Die Homosexualität des*

Mannes und des Weibes. (Reprint von 1914) Berlin, New York 1984; sowie Kerstin Gutsche: *Ich ahnungsloser Engel. Lesbenprotokolle.* Berlin 1991 (bes. S. 127–140); Der Film *Verzaubert*, Deutschland 1992, von neun jungen HamburgerInnen realisiert, erzählt von »Freundschaftsmännern« und »Freundschaftsfrauen«, die in Hamburg den Faschismus überlebten.

25 Ausnahmen sind z. B. Erica Fischer: *Aimée und Jaguar. Eine Liebesgeschichte.* Köln 1994, sowie die Autobiographien von Charlotte Wolff: *Augenblicke verändern uns mehr als die Zeit.* Weinheim 1982, und Eva Busch: *Und trotzdem.* München 1991.

26 Michael Pollak: *Die Grenzen des Sagbaren. Lebensgeschichten von KZ-Überlebenden als Augenzeugenberichte und als Identitätsarbeit.* Frankfurt/Main 1988, S. 8f.

27 Lutz van Dijk: *»Ein erfülltes Leben – trotzdem ...« Erinnerungen Homosexueller 1933–1945.* Reinbek 1992, S. 139f.

»Nicht Opfer, sondern immer Kämpferin«
Hilde Radusch (1903–1994)

Wir gehen den Weg
in den Nebel
der Welt
und haben den Mut
zum Entschluß.
Und haben die Stirn
zu unterscheiden.

Diese Zeilen aus einem Gedicht[1] von Hilde Radusch könnten ebenso als Motto über ihrem Leben stehen. Bereits als junge Frau zeigt sie »Mut zum Entschluß«, zieht mit achtzehn allein nach Berlin und tritt dort in den Kommunistischen Jugendverband, später in die KPD ein und engagiert sich besonders im 1925 gegründeten Roten Frauen- und Mädchenbund. Läßt ihr bürgerliches, konservatives Elternhaus in Weimar hinter sich. Obwohl ihr Vater, ein Postbeamter im Mittleren Dienst und stramm deutschnationaler Gesinnung, schon 1915 im Krieg getötet wird, vermag er seiner Tochter ein Selbstvertrauen zu vermitteln, aus dem Hilde Radusch später ihre Selbständigkeit und ihr Beharrungsvermögen gewinnt. Sie gerät damit in Konflikt mit der Mutter, einer Hausfrau, die für ihre Tochter ebenfalls ein Leben als treudienende Haus- und Ehefrau vorgesehen hatte.

Zunächst beginnt Hilde Radusch 1921 im Pestalozzi-Froebel-Haus eine Ausbildung als Kinderhortnerin. Als sie eines Tages eine Bekannte zum Bahnhof bringt und ihr zum Abschied einen Kuß gibt, entfährt der ein entsetztes »Ach, so eine bist du!« Und setzt bei der vollkommen überraschten Hilde einen Selbsterkennungsprozeß in Gang. »Ich war damals ein richtiges Landei«, gestand sie mir in einem Gespräch 1986 schmunzelnd. Es habe eine

Hilde Radusch, 1939

Hilde Radusch, 1985

ganze Weile gedauert, bis ihr selbst klar wurde, daß sie »anders als die andern« sei, wie es in einem Lied von Selli Engler heißt, das in den »Damenclubs« damals häufig gesungen wurde. In Ermangelung lesbischer Vorbilder fällt es der jungen Hilde leichter, sich mit Männern beziehungsweise mit männlichen Rollen, wie sie sie etwa in der Literatur fand, zu identifizieren als mit dem tradierten Frauenbild: »Auf diese Weise blieben mir viele Minderwertigkeitsvorstellungen fremd.«

Da sie als Kinderhortnerin keine Arbeit findet, geht sie 1923 als Telefonistin zur Post. »Es war eine respektable Arbeit, nicht aufregend viel Geld, aber etwas fürs ganze Leben, so dachten wir jedenfalls.« »Richtig glücklich« ist sie erst, als sie bei der Post ihre erste Freundin Maria kennenlernt, mit der sie zusammenzieht. In ihrer Freizeit arbeitet Hilde Radusch politisch, schreibt Artikel für die *Frauenwacht*, die Zeitung des Roten Frauen- und Mädchenbundes, und spricht auf Veranstaltungen. Zu häufigen Besuchen in den Bars der Subkultur fehlen ihr Zeit und Geld. Lebhaft in Erinnerung geblieben ist ihr allerdings der Toppkeller in der Schwerinstraße in ihrer Nachbarschaft, vor allem der »Wäschetanz«:

»Die Röcke waren ja damals ziemlich lang, und darunter waren die Unterröcke mit Spitzen. Es wurde also getanzt, man durfte den Rock so ein bißchen anheben, und das war furchtbar sexy. Dann kam die Polonaise, bei der man über die Stühle klettern mußte, die in dem Kellergang standen, um endlich zu dem ersehnten Küßchen zu kommen. Das war so aufregend, daß Frauen aus allen Klassen dahin kamen, auch Schauspielerinnen. Immer war es voll, und freitags kam man kaum noch rein.«

Vornehmer, wenn auch nicht weniger sinnenfreudig, ging es dagegen im exklusiven Mali und Igel in der Lutherstraße zu, dem bevorzugten Club vieler Schauspielerinnen, der »Crème de la crème«. »Mali war ein Traum von einer Frau, schlank, brünett, in weiten weichen Kleidern und mit dem gewissen Etwas, dem man sich nicht entziehen konnte«, schwärmte Hilde Radusch. »Sie mußte mit jedem einmal tanzen.« Nur wenige Jahre später sollte die »schöne Mali« gezwungen sein, ihr Land zu verlassen, um der Judenverfolgung zu entgehen.

Hilde Radusch wird Betriebsrätin bei der Post und vertritt ihre Kolleginnen vor dem Arbeitsgericht. Damals sei es relativ selten gewesen, daß KPD-Mitglieder als Angestellte im öffentlichen Dienst waren; deshalb habe die Partei sie wohl zur Wahl vorgeschlagen. Gerade sechsundzwanzig Jahre alt, wird sie für die nächsten drei Jahre Stadtverordnete für die Berliner KPD – für die Postverwaltung Anlaß genug, sie zu entlassen! 1932 ist es auch mit der Parteikarriere vorbei: Sie wird nicht mehr als Stadtverordnete aufgestellt, denn der Berliner Parteivize kann es nicht verwinden, daß Hilde Radusch seiner Aufforderung, sie möge ihre hübsche Freundin doch mal bei ihm vorbeischicken, nicht nachkommt.

Die großen Stimmengewinne der Nationalsozialisten bei den Wahlen 1932 und ihr Auftreten in der Öffentlichkeit lassen zwar Schlimmes befürchten, doch ist das ganze Ausmaß der im Februar 1933 einsetzenden Brutalität, die sich zunächst vor allem gegen linke Kräfte richtete, kaum vorstellbar. Auf ein Leben in der Illegalität ist die ehemalige kommunistische – und damit stark gefährdete – Stadtverordnete halbwegs gefaßt. »Jetzt kommen die kalten Tage / die Bewährung –/ Das Land hält den Atem an«, heißt es in ihrem Gedicht »Erster Frost«. Als ehemalige Postangestellte beteiligt sie sich noch am Aufbau einer illegalen Postleitung, bevor ihre Verhaftung am 6. April 1933 aufgrund ihrer KPD-Arbeit weitere Widerstandsaktionen vorläufig verhindert.

Wenige Tage zuvor war sie aus der gemeinsamen Wohnung mit Maria ausgezogen. Eine Vorsichtsmaßnahme, um die Freundin zu schützen: Als Beamtin hätte sie keine Arbeit mehr bekommen, wenn man sie wegen Hilde Radusch belangt hätte. »Aus unserer Verbindung konnte dann nichts mehr werden, denn Maria haßte plötzlich die Kommunisten«, bemerkte Hilde Radusch lakonisch zum baldigen Ende dieser Liebe.

Als sie morgens um sechs Uhr verhaftet wird, gelingt es ihr noch, Notizen über die illegale Postleitung auf der Toilette zu vernichten. Mangels anderer »Beweise« wird ihr der Besitz eines Totschlägers zur Last gelegt, den man bei der Hausdurchsuchung findet. Hilde Radusch läßt sich beim Verhör nicht einschüchtern. Als sie sich weigert, das unzutreffende Vernehmungsprotokoll und damit ihr »Schuldgeständnis« zu unterschreiben, erledigen dies kurzerhand zwei Gestapomänner. Sie wird in »Schutzhaft« genommen: »Man mußte ja den Staat vor uns schützen«, bemerkte sie mit dem ihr eigenen ironischen Unterton. »In gewisser Weise kamen wir uns als Helden vor, weil wir durch die Haft von den Nazis als politische Gegner ›anerkannt‹ wurden.« Das Polizeipräsidium am Alexanderplatz wird zur ersten Station der Gefangenschaft. »Wir hatten auf dem Alex in unserem Raum mit sechsunddreißig Gefangenen zwei Frauen, die behaupteten, Masseusen zu sein, und die sich gegenseitig in aller Öffentlichkeit massierten. Es dauerte gar nicht lange, da wurden sie getrennt.«

Nach einem Monat kommt sie ins Frauengefängnis in der Barnimstraße, wo etwa zweihundert »Politische« inhaftiert waren; sie wurden, im Gegensatz zu den »Kriminellen«, nicht in Einzelhaft gehalten. Gemeinsam mit den anderen kann sie bessere Haftbedingungen für die Frauen durchsetzen. Eine Affäre mit ihrer Zellengenossin hilft ihr, die Haftzeit leichter zu überstehen. Doch die Wände haben Ohren, und Vorsicht ist lebenswichtig. Hilde Radusch erinnert sich: »Ein Vergnügen ist die Liebe in Gefangenschaft nicht. Neben unserer Zelle war der Aufenthaltsraum der Beamtin. Ein lautes Wort in der völlig stillen Nacht, ein Seufzer hätte Keller, das heißt Bunker mit Strafverschärfung und Einzelhaft bedeutet.«

Ende September 1933 wird sie mit etlichen anderen »Politischen« in die Freiheit entlassen – oder was das Regime davon übriggelassen hat. Glück im Unglück, denn später war die Überstellung politischer Gefangener in ein KZ gang und gäbe. Ganz auf sich allein gestellt – die Freundin hatte sich endgültig von ihr getrennt –, wechselt Hilde Radusch den Bezirk und zieht nach Berlin-Mitte, doch sie wird weiterhin von der Gestapo überwacht. Fortan hat sie Schwierigkeiten, eine Stelle zu finden und geht schließlich als Arbeiterin zu Siemens, macht illegale Arbeit im Betrieb. Der Überlebenskampf steht an erster Stelle. »Ich bin Deutsche, das ist meine Sprache, meine Art, mich auszudrücken. Was hab ich in andern Ländern zu suchen?« entgegnet sie auf meine Frage, ob sie je an eine Emigration gedacht habe. »Sie hätten mir noch nicht mal Arbeit gegeben!«

1939 lernt sie »rein zufällig« ihre zweite Freundin kennen, nachdem sie lange Jahre auf ein Liebesleben verzichten mußte. »Damals waren alle so treu wie noch nie; das lesbische Leben spielte sich praktisch nur in der Partnerschaft ab.« Nicht zuletzt aus Angst vor Spitzeln hat sie sich von inoffiziellen Treffpunkten oder Lokalen ferngehalten. An Tarnmaßnahmen, wie zum Beispiel eine Heirat, habe sie jedoch nie gedacht. Sie habe ja ihr Lesbischsein nicht »wie ein Schild vor sich hergetragen«, und die Nazis hätten die Frauen in dieser Hinsicht wohl nicht ernstgenommen. Kurz nachdem Hilde Radusch wieder einmal die Wohnung gewechselt hat, klingelt es an ihrer Tür in der Oranienburger Straße:

»Ein ganz junger SS-Mann stand dort: ›Sind Sie Frau Radusch? Euch werden wir helfen! Ihr denkt wohl, wenn ihr von einem Bezirk in den andern zieht, dann seid ihr raus aus'm Schneider! Ich werde dafür sorgen, daß Sie so schnell wie möglich wieder ins Gefängnis kommen!‹ Er schimpfte wie ein Rohrspatz auf die Kommunisten. Ich habe nichts gesagt, damit er es nicht gegen mich verwenden konnte. Ich hörte mir den ganzen Seibel an, und als er merkte, daß ich einfach nicht antwortete, ging er laut polternd wieder runter und war sehr verärgert, daß er nichts hatte ausrichten können. Da steht hinter mir meine Nachbarin und sagt zu mir: ›Daß Sie so feige sind, habe ich mir nicht vorstellen können!‹ Ich sagte, daß ich dazu einen bestimmten Grund habe; man muß nicht immer tapfer sein, das ist nicht immer der richtige Weg. Ich habe ihr erzählt, daß ich Stadtverordnete der KPD war und gesessen habe und so weiter. Und nach einiger Zeit erzählt sie, daß sie viel für die Rote Hilfe gegeben hat, und außerdem sei sie noch im Damenclub Violetta gewesen! Na ja, dann ging die Sache sehr einfach, wir hatten die Zimmer nebeneinander, es war alles bestens.«

Als sich Hilde Radusch und Eddy näher kennenlernen, verlieben sie sich und stellen fest, daß sie ähnliche Ansichten und Pläne haben. Aus der Nachbarin wird eine Lebensgefährtin für die nächsten einundzwanzig Jahre, ja oftmals eine Lebensretterin. »Sie sind ein ehrlicher Mensch, Ihnen vertraue ich meine Tochter an«, urteilt Hilde Raduschs Mutter wohlwollend über die Freundin. Die sechs Jahre jüngere Eddy ist schwerbeschädigt und bekommt eine kleine Rente, die jedoch zum Leben nicht ausreicht.

So kommt sie auf die Idee, einen Privatmittagstisch aufzumachen, also ein Restaurant ohne Getränkeausschank (»da kann sich keiner am Bier festhalten«). Eddy beantragt die erforderliche Genehmigung, doch die wird ihr auf Betreiben der SS verweigert, da sie mit einer Frau zusammenwohne, die »politisch nicht zuverlässig« sei. »Sippenhaft« heißt so etwas! Doch Eddy läßt sich nicht einschüchtern. Dank ihrer Zivilcourage kann sie sich durchsetzen und erhält 1941 die Erlaubnis zur Eröffnung des Mittagstisches. In der Lothringer Straße im Scheunenviertel finden sie in einem Haus, das von Eddys Vater verwaltet wird, einen Laden; Tische und Stühle – »die haben wir alle schön braun angestrichen, also absolut in der richtigen Farbe« – waren von emigrierten Juden zurückgelassen worden. Hilde Radusch hält sich im Hintergrund und kümmert sich um die Beschaffung der rationierten Lebensmittel, eine Aufgabe, die sich zunehmend schwieriger gestaltet. Offiziell darf sie nämlich nicht im Laden mitarbeiten, vor allem nicht bedienen, hätte sie doch dabei den Gästen Subversives zuflüstern können ... Dennoch setzen sie kleine Zeichen des Widerstandes: Als sie im Laden das obligatorische Schild »Für Juden verboten!« anbringen müssen, stellen sie die Speisekarte davor.

Die illegale KPD-Leitung nimmt nun wieder Kontakt mit Hilde Radusch auf, schickt ihr Frauen, die aus dem Gefängnis oder Zuchthaus kommen, zum »Aufpäppeln« oder um Unterschlupf für sie zu organisieren. Doch nicht immer sind die beiden Frauen erfolgreich: So gelingt es ihnen nicht, eine befreundete jüdische Kommunistin, Henny Lemberg, vor der Deportation in ein Vernichtungslager zu bewahren.

Im August 1944 hat Hilde Radusch wieder einmal Glück im Unglück: Eine mit Eddy befreundete Kriminalpolizistin warnt sie vor ihrer bevorstehenden Verhaftung im Rahmen der sogenannten Gitter-Aktion. In Anbetracht der drohenden Niederlage wurden am 22. August 1944 auf Befehl Himmlers alle noch in Freiheit befindlichen ehemaligen Abgeordneten der Arbeiter- und bürgerlichen Parteien in »Schutzhaft« genommen. 5000 bis 6000 Menschen wurden verhaftet und fast ausnahmslos in KZs eingeliefert – für viele der sichere Tod. Hilde Radusch, die inzwischen eine Arbeit in einer Bank gefunden hat, nimmt die Warnung ernst und entschließt sich unterzutauchen. Sie flüchtet nach Prieros, einem kleinen Nest bei Königs Wusterhausen, wo sie und Eddy sich seit dem Sommer 1943 eine »zweite geheime Existenz« aufgebaut haben. In einem primitiven Holzverschlag fristen sie ihr Dasein:

»Eddy hätte im Prinzip natürlich ihren Laden weiterführen können, aber dann hätte man sie gefragt, wo ich bin. Man hätte sie totschlagen können, sie hätte es nie gesagt, aber auf der anderen Seite haben die Nazis ihr von vornherein nicht geglaubt. Sie hätte sagen können, was sie wollte. Infolgedessen mußte sie mit rauskommen aufs Grundstück, und das bedeutete, daß wir von Dezember 1944 bis April 1945 ohne Lebensmittelmarken durchkommen mußten.«

Hilde Radusch »organisiert«: Mal kann sie im Tausch für Bettwäsche ein Stück Fleisch ergattern, mal im Wald etwas Holz zum Heizen beschaffen, und in der Not werden Brombeerblätter zum Tabakersatz.

Halb verhungert erleben sie die Befreiung durch die Rote Armee: »Die Sache war zu Ende, wir waren wieder richtige Staatsbürger, wie sich das gehört.« Sofort nach Kriegsende beteiligt sich Hilde Radusch am Wiederaufbau: Von Juni 1945 bis Februar '46 arbeitet sie für das Bezirksamt in der Abteilung »Opfer des Faschismus«, das heißt, sie bearbeitet unzählige Anträge auf Unterstützung in Form von Lebensmitteln, Kleidung und anderem. In dieser Zeit gerät sie als langjähriges KPD-Mitglied mit der russischen und vor allem der deutschen Praxis des Kommunismus in Konflikt. »Kann man das *Ziel* des Sozialismus auf einem schlechten, totalitären *Weg* erreichen? Heiligt wirklich der Zweck die Mittel?« fragt sie sich. Sie entschließt sich, aus der KPD auszutreten, weil sie mit deren Politik nicht mehr einverstanden ist. Sie schickt ihr Mitgliedsbuch ein und gibt damit ihren Austritt bekannt. Wohl um diesem politisch motivierten Austritt das Gewicht zu nehmen, schließt die Parteileitung ihrerseits Hilde Radusch im Januar 1946 aus – und macht dafür ihre Frauenbeziehung verantwortlich! Drohbriefe rauben ihr den Schlaf. Die Partei schreckt nicht einmal davor zurück, sie auch beim Bezirksamt, für das Hilde Radusch noch arbeitet, zu denunzieren. Als sie daraufhin zu ihrem Vorgesetzten beim Bezirksamt geht, um die Sache zu klären, liegt dort schon eine Akte über sie vor, in der drei führende Kommunisten schreiben, daß sie lesbisch sei und die Behörde sie deshalb nicht mehr beschäftigen dürfe! Die »Genossen« haben Erfolg mit ihrer Taktik: Hilde Radusch wird im Februar 1946 entlassen. »Es war wirklich das Ende aller Illusionen«, erinnert sie sich, »ein Stück Lebenstraum war zerbrochen.« Aber auch ihre Gesundheit ist mit dreiundvierzig Jahren schon ruiniert. Wegen kriegsbedingten Gelenkrheumas kann sie bald nicht mehr arbeiten und bekommt eine äußerst kleine Rente. Eddy macht einen Trödelladen auf und bringt sie beide durch, bis sie 1960 an Krebs stirbt.

> Du gingst
> und nie mehr werde ich
> die Schritte hören
> auf die ich gewartet
> die Stimme nicht
> und nie Dein Lachen.
>
> Du gingst
> und ließest mich
> allein zurück.
>
> Zum Frieren einsam ...

Den Verlust der Freundin kann Hilde Radusch kaum verwinden; Krankheiten machen ihr zudem das Leben schwer. Die in den siebziger Jahren entstehende Neue Frauenbewegung begrüßt sie schließlich als eine Möglichkeit für viele Frauen, sich in die Politik einzumischen und die eigenen Interessen zu vertreten. Sie beteiligt sich an der Gründung der L 74, einer West-Berliner

Gruppe älterer lesbischer Frauen, und anderen feministischen Aktionen und schreibt Gedichte und Prosatexte, eine Leidenschaft seit ihrer Jugendzeit. Ihre körperliche Beweglichkeit hat sie eingebüßt, doch ein behender Geist ist der Neunzigjährigen bis an ihr Lebensende geblieben. »Ich habe mich nie als ›Opfer‹ betrachtet, sondern immer als ›Kämpferin‹«, lautete ihr Resümee.

Anmerkung

1 Hilde Radusch: *Zusammengeharktes*. Berlin 1978. Diesem Band sind alle Gedichte entnommen. – Sehr sehenswert ist auch der TV-Film »*Muß es denn gleich beides sein!*« über Hilde Radusch von Pieke Biermann und Petra Haffter, BRD 1985.

»Was konnteste denn machen – Hitler war an der Macht«
Anneliese W. (1916–1995)

Eigentlich heißt sie ja Anneliese, aber alle Freundinnen und Freunde nennen sie nur Johnny. Im Arbeitsdienst habe sie diesen Spitznamen verpaßt bekommen, bei einer Theateraufführung. »Ich hatte mir einen Anzug angezogen, 'nen Bart angemalt, kurzes Haar hatte ich schon als Kind. ›Kiek dir mal den flotten Johnny an‹, sagten sie, und auf einmal hieß ich nur noch Johnny.« In den Arbeitsdienst sei sie im Grunde nur gegangen, weil sie durch eine Reiberei mit ihrem Vorgesetzten, einem SS-Mann, ihren Job als kaufmännische Angestellte im Versicherungswesen verlor, erzählte mir Anneliese W. 1987.

»Ich habe die Versicherungsfachschule der AOK besucht und dort meine drei Jahre abgelernt. 1933 kam ja der Umschwung, und die, die dort in der AOK wirklich was konnten, haben sie alle rausgeschmissen, weil sie in der SPD waren. Dann haben sie ihre ganzen Nazileute eingesetzt, die von Tuten und Blasen keine Ahnung hatten. Unser Bürovorsteher war so ein Biest, Anfang Vierzig, und ein hoher SS-Mann, Obersturmführer. Er haute mir immer so auf'n Hintern, ich sagte, ›Sie, da hat schon mancher Ochse hingehauen!‹ Da war ich gleich unten durch. Bei der Arbeit saßen wir Rücken an Rücken. Einmal hatte er sich so rübergebückt und sprach mit dem Kollegen drüben. Wenn man jung ist, hat man ja Flausen im Kopf – ich nehme also beide Stühle und schaukle. Der eine Stuhl, auf dem er sitzen will, kippt um, und er setzt sich daneben. Man hat gesagt, das hätte ich mit Absicht gemacht, ich sollte nun in den BDM. Ich hab mich gewehrt, ich bin nicht reingegangen, war auch nicht in der Partei. In der Arbeitsfront war ich, da mußtest du ja automatisch rein. Wie dem auch sei, man hat mich entlassen. Danach bin ich für ein halbes Jahr in den Arbeitsdienst gegangen; das muß 1933/34 gewesen sein. Meine Eltern waren sehr gut situiert, wir hatten ein Restaurant und zwei Grundstücke, ich hätte gar nicht arbeiten zu gehen brauchen. Meine Mutter sagte, ›Ich bin froh, wenn du mir hier hilfst.‹ Ich wollte aber nicht. Gartenarbeit und besoffene Kerls bedienen – das hat mir überhaupt nicht gelegen. So habe ich mich beim Arbeitsamt für den Freiwilligen Arbeitsdienst gemeldet.«

Schon bei der AOK hatte Johnny ihre erste Freundin kennengelernt, die sie »das Laufen lehrte«. Überhaupt liege es bei ihr wohl etwas in der Familie, erklärte sie mir schmunzelnd.

»Meine Tante hatte auch eine Freundin. Diese Tante soll mir an der Wiege geschworen haben, daß ich mal so werde wie sie. Auch hatte ich schon als Kind am liebsten Hosen und einen Jungenschnitt. Kleider und Röcke wollte ich nicht anziehen. Als ich dann bei der AOK anfing, mußte ich in der ersten Zeit auch Botengänge machen und aus dem Keller Akten holen. Es haben immer mehrere Frauen im Keller gesessen, gesungen und miteinander getanzt; ich habe mein Leben lang gern getanzt. Sie haben auch mal ein Fläschchen mitgebracht, wir haben einen getrunken. Dort habe ich diese Hilde Berghausen gesehen und gedacht, ›Mensch, die Hilde könnte dir gefallen!‹ Aber warum, wußte ich noch nicht. Hilde war älter als ich, ich war fünfzehn, sie war zwanzig oder einundzwanzig, hatte ausgelernt, war schon fest angestellt. Sie hatte mich dann mal eingeladen zu sich nach Hause; ich bin hingegangen, mit ein bißchen Herzklopfen und einem Rosenstrauß aus unserem Garten. Die Eltern waren wohl verreist, wir haben uns unterhalten, und sie fragt mich, ob ich 'ne Freundin hätte. ›Natürlich, Herta, meine Schulfreundin.‹ – ›Es gibt ja zweierlei Freundinnen.‹ – ›Wieso, zweierlei? Die Herta lieb ich aber sehr!‹ Dann haben wir ein bißchen was getrunken, und sie sagte, ›Du kannst ja auch hier schlafen.‹ Ich hab mich nicht getraut, mich auszuziehen, hab Schlüpfer und Hemd anbehalten, ich war ja noch sehr jung, war ja so unwissend! Aber ich war gar nicht so doof, wie sie wohl dachte. ›Nun sag bloß, du hast noch nie 'ne Freundin gehabt!‹ – ›Freundin ja, aber nicht intim.‹ Na ja, da hat sich dann was ergeben. Mit Hilde war ich ungefähr anderthalb Jahre befreundet; es hat nicht sehr lange ge-

Anneliese W.

Anneliese W., 1992

halten, weil ich ja nun sehr neugierig war. Sie war aber die erste, bei der ich bewußt zum ersten Mal gemerkt habe, wo ich hingehöre.«

Durch Hilde lernt die burschikose, sportliche Johnny um 1931 die florierende lesbische Subkultur in Berlin kennen, wo sie zahlreiche Freundschaften schließt und ein unerschütterliches lesbisches Selbstverständnis entwickelt, das auch gegen das aufziehende »Tausendjährige Reich« gefeit sein sollte. An den Tanzpalast Zauberflöte in der Kommandantenstraße am Spittelmarkt, wo die rührige Kati Reinhard Tanzabende leitete, erinnert sie sich genau:

»Die Zauberflöte war ein großer Saal, in der Mitte die Tanzfläche, oben auf einer Empore spielte die Kapelle. Wenn mal Polizeikontrolle war, hat Kati zu mir gesagt, ›Ab in die Küche, in die Mülltonnen!‹ Ich mußte dann dahinter sitzen, weil ich doch noch zu jung war; wir durften ja unter einundzwanzig diese Lokale nicht betreten. Ab etwa 1931, mit fünfzehn Jahren, bin ich in die Clubs gegangen und habe alles kennengelernt. Damals, vor Hitlers Machtübernahme, hatten wir sehr viele Lokale. In den Andreas-Festspielen in der Andreasstraße haben wir zum Beispiel jeden Monat einmal Ball gemacht. Durch die Zauberflöte kam ich in einen lesbischen Kegelverein rein, die Lustige Neun, der von Lieschen und ihrer Freundin Gertrud geführt wurde. Wir haben jede Woche einmal gekegelt und einmal im Monat einen ganz großen Saal in einem Ballhaus in der Landsberger Straße gemietet. Es war schön, jung und alt waren zusammen, Fünfzig- bis Sechzigjährige, die andern waren um die Zwanzig, und ich war immer die Jüngste. Später, nach 1933, haben die Vermieter – die waren wohl nationalsozialistisch eingestellt – nicht mehr an uns vermietet. Lieschen, die dann schon in den Sechzigern war, sagte, ›Nee, lassen wir das lieber mit dem Club.‹ Es hat sich dann verlaufen. Ich bin auch in die Monokelbar gegangen; das war am Kudamm, an der Gedächtniskirche. Da waren die ganzen Schauspieler; ich kenne so viele noch, die da verkehrt haben. Die Monokelbar haben sie aber 1933 geschlossen.«

Nach der Machtübernahme der Nazis hätten sie alle vor Kriminalisierung, Razzien oder Entlassung »ein bißchen Angst« gehabt. Ein befreundetes »Freundschaftspaar«, das in einer Glühlampenfabrik arbeitet, wird unter einem Vorwand entlassen. Ein Gefühl der Bedrohung, des Ausgeliefertseins macht sich breit. Einige Freundinnen Johnnys verändern ihr Äußeres oder heiraten sogar, um weniger sicht- und angreifbar zu sein.

»Seit Anfang des Hitler-Regimes bin ich immer noch mit dem kurzen Herrenschnitt gegangen; Hosen waren ja damals sowieso nicht drin, aber strenges Kostüm, was denkste, was man manchmal zu hören gekriegt hat. ›Kiek dir mal die schwulen Weiber an!‹ und so. Das war ganz schön schlimm. Es hieß, bei den Frauen sollte es auch verboten werden; bei den Männern war's ja verboten.«

Nur durch Zufall entgeht Johnny eines Tages einer Razzia im Kleist-Kasino in Schöneberg. Dort habe es mehrere Razzien gegeben. Nach einer vorübergehenden Schließung im März 1933 wurde es um 1935 ganz geschlossen.

»Einmal war ich dort um neun Uhr mit einer ganzen Clique verabredet, irgendwas ist mir aber zu Hause dazwischengekommen, und ich komme erst um halb elf hin. Steig aus der U-Bahn, gehe die Straße runter und denke, was ist denn da los, lauter Grüne Minnas vorm Kleist-Kasino. Ich bin so rangeschlendert, und sie haben alle mitgenommen. Wenn ich eine halbe Stunde früher gekommen wäre, wär ich mit drangewesen. Am andern Tag hab ich aus meinem Bekanntenkreis gehört, daß sie alle zur Polizei, zur Sitte mußten; morgens um sechs oder sieben Uhr hat man sie wieder laufenlassen. Weiter war nichts. Dieser Heinz, dem das Lokal damals gehörte, hatte mit Kokain zu tun. Deswegen sollen diese Kontrollen gewesen sein. Aber warum nahmen sie dann die ganzen Frauen mit? Die Frauen wurden verhört, man fragte sie, was sie da machen, ob sie Koks gekauft hätten. ›Nee‹, haben sie gesagt, ›wir haben davon keine Ahnung, wir gehen dahin, um mal zu tanzen.‹ Aber sie mußten zur Gesundheitskontrolle, sie wurden also der Prostitution verdächtigt, und dagegen hätte ich mich gewehrt, das war ja kein Lokal für Nutten! Aber was konnteste denn machen – Hitler war an der Macht, da konnte man ja gar nichts machen.«

Gegen Ende 1933 geht Johnny für ein halbes Jahr in den

Arbeitsdienst, damals noch eine freiwillige Einrichtung, die 1931, in der Zeit der Massenarbeitslosigkeit, als Beschäftigungsprogramm eingerichtet worden war. Die »Arbeitsmaiden« wurden gemeinschaftlich in Lagern untergebracht und leisteten gegen Unterkunft und Verpflegung unbezahlte Arbeit, meist in der Haus- und Landwirtschaft. Erst im Juni 1935 wurde die Arbeitsdienstpflicht eingeführt, bei Frauen aber, mit Ausnahme zukünftiger Studentinnen, bis Kriegsbeginn nicht angewandt.

Zuerst kommt Johnny in ein Lager in der Nähe von Schneidemühl in Westpreußen, wo sie bei einem Förster arbeitet. »Es war eine tolle Stelle, ich hab mich da wohl gefühlt, den ganzen Tag in Hosen, rauf aufs Pferd und in den Wald rein.« Es sei natürlich über Politik gesprochen worden, aber »neunzig Prozent von den Mädchen, die da waren, waren nicht für Hitler. Meistens sind die, die arbeitslos waren, in den Arbeitsdienst reingegangen, oder um nachher eine Arbeit zu bekommen. Und man hat mal was anderes kennengelernt.«

Kontaktfreudig wie Johnny ist, findet sie unter den zweiundvierzig Mädchen – »davon waren sechs von uns« – schnell eine Freundin, Hilde aus Guben. Als die beiden eines Abends nicht rechtzeitig von einem Ausflug zurück ins Lager kommen, hagelt es Vorwürfe von den andern Mädchen.

»Wir hätten uns falsch benommen; erst mal schon, weil wir so waren, und zweitens, weil Hilde sich so besoffen hatte. Nachmittags ging's los; sie haben uns in den Aufenthaltsraum runtergebeten. Hilde hatte schon mal wegen einer solchen Sache beim Arbeitsdienst eine Verwarnung bekommen. Ich kam runter, ein Mädchen sagte zu mir, ›So was macht man doch nicht.‹ Dann kam Hilde runter, und diese Hedwig aus Schneidemühl, die den größten Mund hatte, hat ihr ein paar geknallt. Früher konnte ich ganz schön zuhauen, war sehr wendig. Habe erst mal Hilde beistehen wollen, gegen die andern alle. Nun kamen die auf uns zu, ich rief, ›Hilde, rauf die Treppen!‹ Ich habe die andern abgelenkt, bin auch die Treppen raufgerast, die hinter uns her, und wir in unser Zimmer. Hilde war nicht so wendig, hatte schon ein blaues Auge. Wir hatten beim Bett so einen runden Schemel, unten mit Eisen. Da kommt Hedwig auf mich zu, will mich packen, ich nehme den Stuhl und hau der auf'n Kopp. Es gab eine Gerichtsverhandlung wegen Körperverletzung; meine Mutter mußte nach Schneidemühl kommen, ich war ja noch keine einundzwanzig. Hilde ist als Zeuge aufgetreten und hat gesagt, daß sie das schon zum zweiten Mal mit ihr gemacht haben. Sie wurde rausgeschmissen aus dem Arbeitsdienst, und ich sollte auch rausgeschmissen werden. Weiter war nichts, weil ja bewiesen war, daß die uns angegriffen und ich mich nur verteidigt habe.«

Damals, meint Johnny, habe man keine Arbeit mehr bekommen, wenn man aus dem Arbeitsdienst vorzeitig entlassen worden sei. Doch da fällt ihr Hilde Lemke ein, die sie aus den Berliner Clubs kennt und die Bezirksführerin des »Arbeitsdienstes für die weibliche Jugend« in Brandenburg ist.

»Dr. Lemke war so eine Schwarzhaarige mit Herrenschnitt, vielleicht vierzig oder zweiundvierzig. Sie war zwar verheiratet, hatte zwei Kinder, aber hatte nebenbei eine Freundin gehabt. Ich habe ihr auf sehr nette Weise geschrieben, ›Ich kenne Sie ja aus der Zauberflöte, das und das ist mir passiert, ich habe keine Schuld gehabt und so weiter.‹ Daraufhin hat sie geschrieben, und die Führerin von unserem Lager sagte mir, weil's bei mir das erste Mal gewesen sei, würde ich nicht entlassen, sondern nur versetzt werden.«

Für Hilde Lemke stand hinter dem Arbeitsdienst »die große Idee der Erziehung zur Volksgemeinschaft durch die Arbeit«. In einem 1933 veröffentlichten Artikel über »Sinn und Ziel des Arbeitsdienstes«[1] betont sie die ideologische Ausrichtung des »klassenausgleichenden« Arbeitsdienstes im Sinne der NS-Weltanschauung. Sie fordert die Dienstpflicht für Frauen; zu »einem Neuaufbau des deutschen Volkes« müsse die Frau ebenso ihren Teil beitragen wie der Mann. Zusätzlich zu den bislang üblichen Näh- und Flickarbeiten sollten die Mädchen im Arbeitsdienst »produktive« Arbeit insbesondere in der Landwirtschaft verrichten. Darüber hinaus gelte es, ihnen die freudige Unterordnung unter den »Führer« und das Gefühl für »bewußtes Deutschtum« zu vermitteln sowie sie körperlich, charakterlich und geistig zu Müttern »neuen deutschen Typs« zu erziehen.

Durch Lemkes Hilfe wird Johnny also nach Ragösen bei Brandenburg versetzt, wo sie zunächst bei einem Bauern arbeitet, dann im Arbeitsdienstlager. Im Arbeitsdienst, meint sie, seien lesbische Beziehungen regelrecht gefördert worden; jedoch sicherlich nur indirekt, weil es eine ausschließliche Mädchenbeziehungsweise Frauengemeinschaft war.

»Als ich nach Ragösen gekommen war, hatte ich mir geschworen, hier fängst du nichts mehr an. Als ich abends ins Bett gehen will, hatten sie mir eine Schüssel mit Wasser ins Bett gekippt, alles war naß. Nun mußte ich ja woanders schlafen. Ich hab mir gleich die kleine Sonja von Paterski ausgesucht. ›Kann ich bei dir schlafen?‹ – ›Aber gerne!‹ Dort in Ragösen war's ja noch viel schlimmer. Im Arbeitsdienst wurde so was dermaßen gefördert. Viele waren verlobt, aber die haben dann ihren Verlobten mal vergessen. Viele wurden ›umgeschult‹, und was nicht ›umgeschult‹ wurde, davon hat man sich ferngehalten.

Eines Tages hieß es, Dr. Lemke kommt. Wir mußten uns in unserer Uniform aufstellen. Mit einem Mal kommt ein Wagen angefahren, und die Lemke steigt aus, ich kannte sie ja. Sie hat die Front abgenommen, wir gestanden, ganz Heil Hitler, zackig. Sie kommt zu mir, ›Du bist Anneliese W.? Mit dir habe ich nachher mal zu sprechen.‹ Ich hatte ja die Hosen voll! Ich kam dann zu ihr ins Zimmer. ›Sag mal, was hast du dir eigentlich dabei gedacht? Mir so einen Brief zu schreiben! Das ist ja an und für sich Erpressung.‹ – ›Aber um Gottes willen, Frau Doktor, damit habe ich ja gar nicht gerechnet. Kennen Sie meine Not nicht?‹ Ich konnte ja früher ganz schön schauspielern. Sie sagte, ›Aber wenn noch mal so was vorkommt, und vor allem, mit deinen Weibern, das hörste uff!‹ Ich hab gar kein Wort gesagt, mich nur zigmal bedankt. Am nächsten Tag fuhr sie wieder weg; sie sagte noch, ›Versprochen?‹ Ich sage, ›Was denn?‹ Ich wußte genau, was sie meinte.«

Nach dem Arbeitsdienst kehrt Johnny nach Berlin-Weißensee zurück, wo die Familie, die sie mit zwölf Jahren adoptiert hat, ein gutgehendes Familienrestaurant führt. Ihre leiblichen Eltern hatten sich scheiden lassen, als Johnny acht Jahre alt war; die Mutter starb kurz danach. Noch heute erinnert sie sich lebhaft daran, wie ihr Großvater die Adoptivmutter warnte: »›Frau W., die Annelies hat einen männlichen Einschlag, den hauen Sie ihr raus, wenn Sie es merken.‹ Meine Mutter hat es aber auch nicht raushauen können«, kommentiert sie lakonisch.

»Als ich nach dem Arbeitsdienst wieder nach Hause kam, hat meine Mutter es rausgekriegt, denn die ganzen Freundinnen haben mir geschrieben. Ich habe Schokolade und Zigaretten geklaut, hatten wir ja alles im Lokal. Alle Schmusis, die ich so hatte, haben ein Päckchen gekriegt, und sie schrieben, ›Mein liebes Johnnymäuschen, ich danke dir für das schöne Päckchen, ich liege auf dem Bett, rauche eine Zigarette von dir und denke nur an dich. Ach, wenn du doch noch hier wärst!‹ Bei den vielen Briefen hat meine Mutter gedacht, ›Meine Güte, das ist doch nicht normal, das kann doch nicht mit rechten Dingen zugehen.‹ Jeden Tag kamen vier, fünf Briefe von den Frauen an. Sie hat die Briefe aufgemacht und mit meinem Vater gesprochen. Er war viel toleranter als meine Mutter. ›Ach, das sind doch Kindereien‹, sagte er. Sie hat mich dann zur Rede gestellt, und es gab einen wahnsinnigen Krach, sie sagte, ›Der Großvater hat recht gehabt, ich hätte dich mal vorher totschlagen sollen!‹ Wie das so in der Familie ist. Meine Mutter war eine sehr intelligente Frau, sehr belesen, aber damit kam sie nicht zurecht. Sie sagte dann, ›Es ist besser, du suchst dir 'ne eigene Wohnung‹, aber ich dachte, sie macht ja doch nicht ernst. Bis ich einmal sonnabends vom Geschäft – ich arbeitete damals bei Brentator in Weißensee, das waren moderne Büroartikel – nach Hause kam und meine Sachen vor der Tür standen. Nun stand ich da!«

Doch Johnny hat Glück: Bei einer Bekannten am Alexanderplatz ist gerade ein Zimmer zur Untermiete frei, und sie kann gleich einziehen. »Ich hatte erst mal keinen Kontakt mehr mit meiner Mutter, aber ein Freund, der für unser Lokal lieferte und mit dem ich weiter Kontakt hatte, hat zwischen uns vermittelt. Ich ging dann zwar später wieder zu ihr hin, aber sie konnte es eben nicht richtig verwinden; ich durfte keine Freundin mitbringen.«

Auch mit der Familie ihrer zwei Jahre jüngeren Freundin Helga, die sie 1937 in einem Club kennenlernte, gibt es Probleme. Helgas ältere Brüder protestieren vehement gegen ihre

Beziehung. Sie sind der Meinung, daß Helga zu heiraten und Kinder zu kriegen hat.

»Nun haben die Brüder uns immer beobachtet und haben mir Schwierigkeiten gemacht. Sind zu mir gekommen, sagten, sie verbieten das. Ich sage, ›Sie können mir gar nichts verbieten, ich bin einundzwanzig.‹ Helga wollte abhauen. Ich war damals bei Siemens, habe kurzerhand gekündigt.« Hals über Kopf flüchten die beiden Frauen nach Leipzig. Eingeweiht ist nur Johnnys Cousine Ello. »Ello hat uns geschrieben, daß die Brüder mich hier suchen lassen und das an die Polizei weitergegeben haben. Sie haben eine Anzeige gemacht, denn die Schwester war ja verschwunden.« Johnny bekommt in Leipzig eine Stellung bei Siemens, doch Helga, die keine Papiere bei sich hat, findet keine Arbeit. Johnnys kleiner Verdienst muß für zwei reichen, und auch das Zimmer zur Untermiete – »billig, aber verwanzt!« – ist nicht umsonst.

»Einmal im Monat haben wir uns ein Essen geleistet, wenn ich Geld bekam. Wir lernten einen Artisten, Harry, kennen, der sich in Helga verknallt hat. Sie sah sehr gut aus. Wir haben ihm aber die Wahrheit gesagt. Ich hab ja damals 'nen kessen Herrenschnitt getragen, wer ein bißchen Ahnung hatte, wußte sofort Bescheid. Er sagte, ›Das macht ja nichts, ich bin auch verheiratet, aber ich lade euch öfter mal zum Essen ein.‹ Er hat uns von einem Frauenlokal erzählt; so kamen wir dort hin, und bei uns am Tisch saß dann eine Frau, ein Kesser Vater, die scharf auf Helga war. ›Darf ich mal mit Ihrer Freundin tanzen?‹ – ›Warum nicht, es geht ja keinem was ab.‹ Wir haben ihr aber nichts von der Flucht erzählt. Als wir mal zu dritt wegwaren, sagte sie zu Helga, ›Arbeitest du denn gar nicht, das find ich ja komisch.‹ Sie hatte sie wohl ein paarmal tagsüber gesehen. Nun hatten wir ein bißchen Vertrauen gefunden, sie war ja auch ganz reizend, sehr nett, und dann haben wir gesagt, daß wir weg sind und Helga nicht arbeiten kann, weil sie nicht gemeldet ist, und ich alles bezahlen muß. Eines Tages war Helga bei diesem Kessen Vater zu Hause. Sie wollte was von Helga und drohte ihr, ›Wenn du jetzt nicht mit mir ins Bett gehst, dann zeig ich dich an.‹ Helga hat sich noch so gewehrt und ist dann raus. Als sie nach Hause kam, war schon die Polizei da. Da hatte die, sobald Helga raus war, die Polizei angerufen. Ich komme nach Hause, die Vermieter aufgeregt, ›Ach Frau W., die Polizei war hier und hat Helga abgeholt, weil sie nicht gemeldet war!‹«

Als Johnny zur Polizei geht, erfährt sie, daß Helga im Gefängnis ist und am nächsten Morgen von den Brüdern abgeholt und nach Berlin gebracht werde, da sie ja noch nicht volljährig ist.

»Ich ging unten bei der Polizei vorbei und habe unseren berühmten Pfiff gepfiffen. Helga hat von oben aus dem Fenster geguckt, das ging direkt zur Straße hin, und sagte mir, daß der Kesse Vater sie verpfiffen hatte. Daraufhin bin ich zu ihrer Wohnung gegangen und hab die verdroschen! Ich glaube, sie mußte ins Krankenhaus, sie war grün und blau. Abends stand ich wieder vorm Gefängnis, Helga hat gewinkt und geweint. Am andern Tag bin ich ins Geschäft, habe gesagt, meine Mutter ist krank. Ich mußte ja eine Lüge erfinden, weil ich sofort wegfahren wollte. Ich bin dann nach Hause, komme über den Adolf-Hitler-Platz, dort war das Gefängnis, und denke, mich laust der Affe – da kommt mir Helga mit ihren beiden ältesten Brüdern entgegen. Ich bin sicher schneeweiß geworden, Helga guckte mich bloß an. Sie konnten sich nicht genau an mich erinnern, hatten mich nur zweimal kurz gesehen. ›War das nicht die W.?‹ haben sie gefragt. Helga hat ›Nein‹ gesagt, wie sie mir später erzählte. Ich bin nach Hause, hab gepackt und bin am andern Morgen nach Berlin gefahren. Helgas Brüder hatten eine Anzeige wegen Verführung einer Minderjährigen gemacht; sie wollten unser Verhältnis aus moralischen Gründen unterbinden. Aber damit konnten sie nicht durchkommen, das sollten sie mir erst mal beweisen. Vielleicht war das für die Polizei zu unwichtig; es ist jedenfalls nichts weiter gemacht worden. Wir waren noch eine Zeitlang zusammen, immer heimlich, hatten so viel durchgemacht. Damals, 1938, gab's ja noch die Straßenbahn; Helga ist kreuz und quer gefahren, um die Brüder abzuschütteln, und wir haben uns dann irgendwo getroffen, und die Brüder immer hinterher. Es war eine ewige Angst. Durch diese ganzen Schikanen ist das wohl auch auseinandergegangen.«

Nach ihrer Rückkehr aus Leipzig ist Johnny zunächst arbeitslos; um so erfreuter ist sie da, als sie von einem neuen Treffpunkt im Wedding hört.

»In der Pankstraße am Nettelbeckplatz, Bahnhof Wedding, gab es damals ein Lokal von uns, eins der wenigen, die 1938 noch existierten. Das Pauli war eine grauenvolle Kneipe, vorne waren ganz normale Männer drin, dann gingst du in einen Raum rein, der noch mal so groß wie der vordere war. Dort standen alte Couchen, die Spiralen haben dir schon in den Hintern gestochen, es war furchtbar, aber es war eben für uns! Ein Ehepaar führte das Lokal, der Mann war im Rollstuhl, sie war Ende Fünfzig. Vielleicht haben ein paar von uns, die im Wedding gewohnt haben, sich das erobert, und durch Mundpropaganda hat es sich rumgesprochen. Es kamen sogar die Frauen aus dem Westen her, die ich auch alle von früher kannte, es gab ja sonst nichts! Dieser Raum war so voll! Vorne die Männer haben das alles so akzeptiert, waren ganz zauberhaft zu uns. Es gibt im Wedding so 'ne Sorte Männer, entweder sind die auf Stunk aus oder sie akzeptieren diese Art Frauen. Natürlich wußten die Bescheid; wir waren eben so, für die Frauenliebe, das sahst du doch! Die andern Frauen waren schick angezogen, geschminkt, und wir mit kessem Herrenschnitt, ich mit Kostüm und Krawatte. Da mußte einer schon doof sein, wenn er das nicht merkte! Wir haben ja auch zusammen getanzt, es gab Musik, Ellen Pollwitz spielte Schifferklavier. Wir haben so eng getanzt, es gab bloß eine kleine Tanzfläche, weil ringsrum die Sofas und ein paar Stühle standen, und wenn's zu voll war, haben wir auch vorne gestanden. Fast jeden Abend bin ich dagewesen, weil das von mir aus nicht sehr weit war, und in der ersten Zeit war ich noch arbeitslos. Irgendwelche Kontrollen gab es dort nicht, doch eines Tages war das Pauli plötzlich zu.«

Trotz offiziellen Verbots der »Homo«-Lokale hat es in Berlin und anderen Großstädten während der ganzen NS-Zeit mehr oder weniger bekannte Treffpunkte gegeben, wenn auch oft nur für kurze Zeit. Allerdings war die Gefahr von Razzien allgegenwärtig. Johnny erinnert sich an mehrere Clubs, darunter an einen in der Wöllertstraße, den eine Freundin, Anni, führte.

»Sie hatte immer ›Geschlossene Gesellschaft‹ draußen dranstehen, man mußte klingeln, sie hat nur reingelassen, wen sie wollte. 1941 war auch in der Hochstraße am Gesundbrunnen ein sehr hübscher Club gewesen, aber da war auch mit einem Mal wieder Schluß. Es waren an und für sich auch während der Nazi-Zeit immer Lokale da, wo man hingehen konnte, aber nach 'ner Weile sind sie wieder verschwunden. Nach 1938 hat man die Clubs häufiger durchsucht. Wenn wir hinkamen, und es war zu, dann wußte man ja nicht, was losgewesen war. Vor dem Krieg hatte auch Lotte Hahm noch etwas aufgemacht, am Alexanderplatz in dem Lehrervereinshaus im ersten Stock. Früher war da mal ein Tanzcafé; das hatte Lotte Hahm gemietet, und dort hat sie Frauenabende gemacht. Das ging aber auch nicht lange.«

Die flotte Lotte Hahm (1890–1967) spielte in der lesbischen Subkultur Berlins und insbesondere in der »Damenabteilung« des Bundes für Menschenrecht, der größten homosexuellen Emanzipationsvereinigung in der Weimarer Republik, eine wichtige Rolle. Zwischen 1926 und 1932 leitete sie mehrere Vereinigungen und Lokale für lesbische Frauen, etwa den Damenclub Violetta mit über 400 Mitgliedern, zu dessen regem Vereinsleben auch Vorträge, Lesungen und Dampferpartien gehörten. Unermüdlich setzte sie sich für die Organisierung lesbischer Frauen und für die Verbesserung ihrer sozialen Lage ein. Anfang 1933 wurde es still um Lotte Hahm, über deren Aktivitäten sonst stets *Die Freundin* berichtet hatte. Offenbar vom Vater ihrer Freundin der »Verführung Minderjähriger« beschuldigt und angezeigt, kam sie Anfang 1933 ins Gefängnis. Wie mir Gertrud Keen erzählte, die in Moringen inhaftiert war, weil sie Blumen auf das Grab von Rosa Luxemburg gelegt hatte, wurde Lotte Hahm Anfang 1935 in Moringen eingeliefert, wo sich seit Oktober 1933 das erste zentrale Frauen-Konzentrationslager befand. Ihren Mitgefangenen erzählte sie, sie sei am Alexanderplatz von einem Unbekannten angesprochen worden, der sie gebeten habe, auf seinen Koffer aufzupassen. Kurz darauf sei sie von der Gestapo verhaftet worden, denn im Koffer habe sich illegales kommunistisches Material befunden. Ob dies tatsächlich zutrifft, kann jedoch aufgrund fehlender Lagerdokumente nicht mehr festgestellt werden. Spätestens im März 1938, mit der Auflösung des Lagers, wurde Lotte Hahm aus Moringen entlassen.

»Daß Lotte Hahm wegen Verführung Minderjähriger im Gefängnis gesessen hatte, wußte ich. War ja Quatsch, das glaube ich nie von ihr. Das war nur ein Vorwand. Dann hörte ich, daß sie im Konzentrationslager gewesen sein soll; war ja auch jahrelang von der Bildfläche verschwunden, also wird das schon stimmen. Wieso sie inhaftiert war, weiß ich nicht. Ich hab mir damals gesagt, man möchte so was nicht wieder aufwühlen; wenn eine nicht von alleine anfängt zu erzählen, fragt man nicht.«

Wie schnell man im Konzentrationslager landen konnte, erfährt Anneliese W. auch durch Helene Bartelt, die ab 1940 zwei Jahre in Ravensbrück interniert war.

»Nach ihrer Freilassung war ich mit ihr zusammen, nicht lange, ein Jahr vielleicht. Sie war eine sehr hübsche Frau, zierlich, blond, sah sehr gut aus. Die hatten sie zum Munitionsdrehen dienstverpflichten wollen, und da sagte sie, der Scheiß-Hitler soll doch seine Munition allein drehen. Deshalb ist sie verhaftet worden! Dann haben sie sie morgens um fünf abgeholt und nach Ravensbrück gebracht. Im Lager waren wohl viele von uns, aber ob sie schon vorher so waren oder durch das Einsperren so geworden sind? Sie hat wenig davon erzählt, sie durfte ja auch nicht, hatte immer Angst. Erst nachdem wir eine Zeit zusammen waren, hat sie erzählt, daß sie mißhandelt worden ist. Die Zähne waren ihr rausgeschlagen worden, und sie hatte zwei Löcher im Kopf. Später war sie wohl Kalfaktorin, und dann ging's ihr etwas besser. Wegen guter Führung ist sie nach zwei Jahren entlassen worden. Sie hat keine Arbeit mehr gefunden, in ihren Papieren stand es drin, das war üblich. Sie hat dann, wie wir uns getrennt haben, einen Dänen geheiratet – vielleicht nur, um versorgt zu sein? Das ging aber nicht lange gut.«

Während Johnny selbst nicht gefährdet ist, erlebt sie, wie Margot H., die sie mit deren Freundin Hildegard alias Peter im Club Pauli kennenlernte, in Lebensgefahr gerät, weil sie jüdischer Herkunft ist. Wie die ebenfalls in diesem Buch portraitierte Malerin Gertrude Sandmann muß auch Margot H. Anfang der vierziger Jahre untertauchen, um der Deportation in ein Vernichtungslager zu entgehen. Wie viele andere Verfolgte, die in der Illegalität zu überleben versuchten, ist sie dabei auf Menschen angewiesen, die den Rassenwahn der Nazis und seine mörderischen Konsequenzen nicht mitmachten und – oft unter Einsatz ihres eigenen Lebens – zum Helfen bereit waren.

»Margot und Peter wohnten beide bei Lissy, einer Frau von uns, die noch zu Hause wohnte, und die in ihrer Wohnung schon einen Juden versteckt hatte, auch einer von uns. Margot war dort untergetaucht, und Peter wohnte offiziell dort. Das war am Gesundbrunnen in der Swinemünderstraße, und ich wohnte Ruppiner Straße, gleich um die Ecke. Wir kannten uns seit langem, sie kamen zu uns und wir zu ihnen. Eines Tages, es war 1943 oder '44, kommt die Peter zu mir und sagt, ›Stell dir mal vor, sie haben Margot abgeholt. Wußte doch keiner, wo sie war und daß sie Jüdin ist!‹ Die Wirtin von dem Lokal, wo wir immer gezockt haben, hat wohl gewußt, daß sie Jüdin ist, und muß sie angezeigt haben; ich weiß es nicht genau, wir haben das nie erfahren. Das sagen sie einem ja auch nicht auf der Gestapo. Sie haben sie abgeholt, das waren ganz furchtbare Zeiten. Nun kam Peter zu mir, ›Was mach ich bloß?‹ – ›Geh doch mal zur Gestapo, vielleicht kannste irgendwas hören.‹ Peter hat sich durchgeboxt auf der Gestapo – wie sie das gemacht hat, weiß ich nicht. Ich habe ihr noch zur Bestechung Lebensmittelkarten besorgt, denn geschoben haben sie ja damals alle. Da war hinter dem Polizeipräsidium in der Alexanderstraße so ein besonderer Trakt von der SS, da haben sie sie hingeschafft. Margot war über ein halbes Jahr drin, dann haben sie sie wieder freigelassen. Sie ist rausgekommen durch Peter; wie sie das gemacht hat, hat sie nie erzählt, interessierte ja auch nicht, wir waren alle nur froh, daß Margot wieder da war. Aber sie war vollkommen fertig. Was sie erzählt hat – die Nazis haben die Juden in den Bauch getreten, hinterher haben sie sie vergewaltigt, alles solche Sachen. Es war grauenvoll.«

So unglaublich die Geschichte dieser Freilassung auch klingt, einmalig war sie wohl nicht. Auch Gestapo-Beamte waren bisweilen bestechlich und bereit, ihre Opfer gegen entsprechende Bezahlung freizulassen. Vorübergehend jedenfalls, denn sie konnten fast sicher sein, daß die Entkommenen früher oder später wieder in den dichten Netzen der Gestapo landen würden. So war es auch bei Margot H.: Als Johnny eines Tages zu ihren beiden Freundinnen geht, sind sie nicht zu Hause. Von Lissy erfährt sie, daß die Gestapo gerade wieder da war, um Margot erneut festzunehmen. Johnny macht sich auf die Suche nach den beiden, um sie zu warnen und um zu helfen:

»Mit einem Mal kamen sie vom Bahnhof Gesundbrunnen an. Ich sage zu Margot, ›Geh gar nicht erst nach Hause, komm gleich mit zu mir.‹ Da war sie denn mindestens ein viertel bis ein halbes Jahr bei mir. Ich hatte eine Einzimmerwohnung, eine Kochstube. Nur nachts sind wir manchmal runtergegangen in den Park, sie mußte ja auch mal ein bißchen Luft schnappen. Ich hatte sehr nette Nachbarn, die gar nicht für Hitler waren. Unsere Hauswirtin war Jüdin, der Hauswirt war kein Jude, und durch die Ehe, eine sogenannte privilegierte Mischehe, hat er sie retten können. Die Jüdin war ganz toll, hat auch toleriert, daß man Freundinnen hatte, eben diese Homosexualität. Das war die einzige, die wußte, daß ich Margot versteckt hatte. Die Nachbarn haben es nicht gewußt, das hätte ich nie gesagt. Früher haben ja sogar die Kinder die eigenen Eltern angezeigt.

Es war so: Links von mir wohnte ein Herr, der gearbeitet hat, und auch rechts der Mann und die Frau haben gearbeitet. Es war ein Altbau, kein hellhöriges Haus. Margot hat den ganzen Tag gelegen und gelesen. Das mit der Toilette war das Schwierigste. Wenn sie mußte, hat sie die Tür leise aufgemacht, rausgeguckt, ist schnell rauf, Tür zu und Schlüssel abgezogen. Ich war die einzige, die diese Toilette benutzt hat, die andern hatten ihre eigene Toilette. Dann hat sie wieder aufgepaßt und ist runter. Sie hatte ja tausend Ängste! Wenn ich dann ab fünf Uhr zu Hause war, war's ja anders. Peter kam abends um zehn, dann haben wir gesessen und Karten gespielt.

Eines Abends sind wir wieder am Vinetaplatz gewesen, und eine Frau aus dem Haus hat sie wohl gesehen. Margot hat nicht gesehen, daß sie beobachtet worden ist. Der Russe stand schon in Berlin, aber es wurde immer noch viel geschossen. Am andern Tag war wieder die Gestapo da, nun aber bei mir. Wenn sie sie da gekriegt hätten, hätten sie sie erschossen. Natürlich wäre ich mit erschossen worden. Aber Margot war nicht da, sie ist oben im Haus bei Hanni gewesen, das war auch eine von uns. Die wußte zwar nichts Genaues über Margot, aber ich konnte mich hundertprozentig auf sie verlassen. Sie wohnte im vierten Stock, ich wohnte im zweiten. Da war die Kontrolle bei mir, ich sagte, ›Eine Margot kenn ich gar nicht‹, und damit war das für mich erledigt. Es war kurz vor dem Umschwung, die Russen waren schon bei uns in der Nähe, und sie sagt, ›Jetzt kann ich endlich rausgehen!‹ Auf dem Weg kommt diese Wirtin aus der Kneipe und ruft, ›Da ist die ja wieder!‹ Sind wir wieder abgehauen. Am andern Abend war der Russe da; die Wirtin haben wir abholen lassen, dafür hab ich gesorgt. Die hat ja denunziert.

Margot hat also überlebt. Sie und Peter sind nicht mehr lange hiergeblieben, sind dann nach England zu Margots Geschwistern gefahren, und haben mir geschrieben, ich soll doch auch rüberkommen. Sie haben mir allerhand Sachen geschickt. Ich wollte das gar nicht. Das war ja nur meine Pflicht gewesen.«

Auch nach dem Krieg nimmt Johnny an zahlreichen geselligen Zusammenkünften teil und lernt unter anderem Lilian Harvey und Zarah Leander kennen, die bei dem homosexuellen Schlagertexter Bruno Balz verkehrten. Ihren Beruf übt sie bis 1972 aus. Bis zu ihrem Tod im September 1995 lebte sie mit ihrer Freundin in Berlin-Schöneberg.

Anmerkung

1 Hilde Lemke: »Sinn und Ziel des Arbeitsdienstes«, in: *Die Ärztin. Monatsschrift des Bundes Deutscher Ärztinnen.* 9.Jg, 1933, H.6, S. 124–128.

»Rrrraus mit den Männern aus'm Reichstag!«
Claire Waldoff (1884–1957)

Auf dem Pragfriedhof in Stuttgart, im sechsten Feld der Krematorium-Außenmauer, teilen sich zwei Frauen ihre letzte Ruhestätte, die vierzig irdische Jahre unzertrennlich waren: Olga von Roeder (1886–1963) und Claire Waldoff. Während über Olga von Roeder kaum mehr bekannt ist, als daß sie eine schwäbische Baronin und Enkelin des amerikanischen Schauspielers Lawrence Barrett war, ist ihre Lebensgefährtin als die Chanson- und Kabarettsängerin mit der kratzbürstigen Stimme in die Geschichte eingegangen. Mit Hits wie »Hermann heeßt er«, »Wer schmeißt denn da mit Lehm?« oder »Warum soll er nicht mit ihr« sang sie sich in die Herzen vieler Männer und Frauen und war über drei Jahrzehnte lang ein Star der Unterhaltungskunst. Claires liebevoll-bissige Sticheleien, beispielsweise »Ach Jott, wat sind die Männer dumm« oder ihr »Rrrraus mit den Männern aus'm Reichstag«, haben auch heute nichts an Witz verloren. Verständlich also, daß ihre Lieder in den achtziger Jahren ein *come-back* durch junge Interpretinnen wie etwa Brigitte Lebaan erlebten.

Claire verkörperte den Prototyp der kessen Berliner Göre, und Kurt Tucholsky verehrte sie als »Berolina«, als Wahrzeichen Berlins. Dennoch stand ihre Wiege nicht in dieser Stadt, sondern im Kohlenpott. Was im übrigen keine Seltenheit war: Auch andere Berliner »Originale«, wie der mit ihr befreundete Maler Heinrich Zille, stammten nicht aus Berlin. Am 21. Oktober 1884 geboren, wächst Claire – noch heißt sie schlicht Clara Wortmann – in einer kinderreichen Familie im Bergarbeitermilieu auf; die Eltern führen in Gelsenkirchen eine Gastwirtschaft. Ab 1896 besucht sie einen der ersten Mädchengymnasialkurse in Hannover, kann jedoch aus finanziellen Gründen ihren ursprünglichen Berufswunsch, Ärztin zu werden, nicht verwirklichen. Schon bald muß sie sich statt dessen fürs Theater entschieden haben, denn gleich nach dem Abitur 1903 tritt sie – ohne je eine Schauspielschule besucht zu haben – ihr erstes Engagement als »Naive und jugendliche Liebhaberin« in Pyrmont an.

Claire will es jedoch zu etwas bringen, und nach weiteren Engagements in der »Provinz« in Oberschlesien entschließt sie sich, fast ohne einen Pfennig in der Tasche, in der Reichshauptstadt ihr Glück zu versuchen. Mit einem Billett vierter Klasse und einem einzigen Rock als Theatergarderobe trifft sie 1906 auf dem Schlesischen Bahnhof ein, ist fasziniert von Tempo und Atmosphäre dieser Stadt, und mit einem Engagement am Figaro, einer kleinen Bühne am Kurfürstendamm, nimmt sie die erste Hürde.

Mit einer Minirolle im Berliner Dialekt – »Wat jeht mir Jelbsiegel an« – erntet sie prompt Begeisterungsstürme und damit den Neid der KollegInnen. Sie wird entlassen und wechselt kurzerhand zum Kabarett über, einer damals erst wenige Jahre alten, am Pariser Vorbild orientierten Kunst. 1908 wird sie von Paul Schneider-Duncker, dem Leiter des Roland in der Potsdamer Straße, engagiert. Damals neben Rudolf Nelsons Chat noir *die* Kabarettadresse in Berlin. Claire will Texte des Dichters Paul Scheerbart und Volkslieder vortragen, und zwar in einem eigens auf Pump angefertigten Etonboy-Anzug. Doch fast wird ihr Debütauftritt eine große Pleite, denn die Zensur macht ihr drei Tage vor der Premiere einen Strich durch die Rechnung: Scheerbarts Texte seien antimilitaristisch, und außerdem seien nach dreiundzwanzig Uhr, dem Beginn ihres Auftritts, Damen im Herrenanzug auf der Bühne verboten (von der Straße ganz zu schweigen ...).

Doch der ebenfalls beim Roland engagierte junge Komponist Walter Kollo, bald ihr »Hauskomponist«, springt ein. Schnell gibt er bei Hermann Frey einen Text in Auftrag, vertont ihn, und mit diesem Lied vom liebeshungrigen Erpel und seinem »Schmakkeduzchen«, begleitet von einem urkomischen Entenwackeltanz, landet Claire Waldoff ihren ersten großen Hit beim verwöhnten Publikum. Über Nacht wird sie zum »Stern von Berlin«. Ihr Erfolgsrezept? »Meine einfache Art, ohne Geste, nur auf

Claire Waldoff, rechts, bei einem Duett mit Margo Lion, 1928

Claire Waldoff, 1930

Mimik, nur auf das Mienenspiel der Augen gestellt, war etwas Neues auf der Kabarettbühne. Ich war und blieb die große Nummer in meiner Einfachheit«,[1] schreibt sie in ihren 1953 erschienenen Erinnerungen *Weeste noch ...!* Mit der »Einfachheit« allein ist es freilich nicht getan, doch gepaart mit Talent, künstlerischem Gespür, einer sehr modulationsfähigen Stimme und eingängigen Melodien gelingt ihr der Sprung ins Kabarett- »Milljöh«.

Bereits vor dem Ersten Weltkrieg hat sie mit ihren Gassenhauern, Schlagern und Chansons ein eigenes Profil. Die Berliner Mundart, die sie auf ihren Streifzügen durch die Hinterhöfe und Eckkneipen Berlins »janz jediegen« gelernt hat, prägt bald ihren unverwechselbaren Stil. Gleichzeitig macht Claire, die gebildete, belesene Volkssängerin, den Berliner Jargon salonfähig. Mit allabendlichen Auftritten in verschiedenen Kabaretts an der Friedrichstraße, auf Gastspielen in deutschen Städten, aber auch in London, steht sie auf der Höhe ihrer ersten Erfolge: Im eleganten Linden-Cabaret etwa trägt sie 1913 das Couplet »Hermann heeßt er« vor. Der »Hermann« – Musik und Text sind von Ludwig Mendelssohn – ist ihr meistgesungenes und, wie noch zu sehen sein wird, ihr folgenschwerstes Lied aus einem rund dreihundert Stücke umfassenden Repertoire. Hier die ersten beiden Strophen als Kostprobe:

Hermann heeßt er!
Wie der Mann
Knutschen, drücken, küssen kann!
Druffjänger kenn ick schon viele,
Aber so schnell kam zum Ziele
Keener noch.
Ja, der is Meester!
Hermann heeßt er!

Dessen Sehnsucht is jestillt,
Erst wenn janz verknautscht, verknüllt
Meine Blusen, meine Röcke
Bloß von wejen Liebeszwecke.

Hach, in so wat is er Meester!
Hermann heeßt er!

Ohne Umschweife singt sie hier oder beispielsweise im Lied von »Emil seine unanständ'ge Lust« von Liebeslust und Liebesleid, doch so entwaffnend, daß keine Peinlichkeit aufkommen kann. Claire, selbst aus einfachen Verhältnissen stammend, erzählt in ihren Chansons von den Nöten und Sorgen der »kleinen Leute«, das heißt auch der Frauen, der Dienstmädchen und Warenhausangestellten etwa, und nicht nur von den Herren der Schöpfung. Gleichzeitig macht sie jedoch Mut, verbreitet Optimismus und Lebensfreude. So lebensecht und überzeugend wirken ihre Lieder auch, weil sie sich selbst mit den von ihr Besungenen identifiziert. Sie schreibt zwar nur wenige ihrer Lieder selbst – so stammt zum Beispiel die Musik für »Das moderne Mädel« von ihr –, doch sie nimmt häufig Einfluß auf den Text und die musikalische Gestaltung.

Ebensowenig wie das Theater war das Kabarett gegen nationalistische Strömungen und politische Instrumentalisierung immun, wie sich im Ersten Weltkrieg zeigen sollte. Vor allem zu Kriegsbeginn waren auch auf deutschen Bühnen die Durchhaltestücke und unter vielen Künstlerinnen und Künstlern der Hurrapatriotismus verbreitet. Claire über ihre Auftritte in Propagandaveranstaltungen, etwa dem Volksstück »Immer feste druff« ihres Stammkomponisten Walter Kollo: »Wir waren gläubige Künstler. Zu gläubig, dünkt mich jetzt. Die langen Verlustlisten kamen erst später.«[2]

Wenn Claire, die in den lesbischen Bars ein häufig gesehener Gast ist, von der Liebe singt, dann hat dies für ein Frauenpublikum auch eine lesbische Konnotation. Besonders beliebt ist in diesen Kreisen ihre Persiflage auf die verrufene Hannelore vom Typ neue Frau:

Hannelore trägt ein Smokingkleid
Und einen Bindenschlips.
Trägt ein Monokel jederzeit
Am Band von Seidenrips.

Sie boxt, sie foxt, sie golft, sie steppt,
Und unter uns gesagt, sie neppt!
Besonders so im Mai.
Es hat mir einer anvertraut:
Sie hat 'n Bräutjam und 'ne Braut
Doch dies bloß nebenbei –
Hannelore! Hannelore!
Schönstes Kind vom Hall'schen Tore!
Süßes, reizendes Geschöpfchen
Mit dem schönsten Bubiköpfchen!
Keiner unterscheiden kann,
Ob du 'n Weib bist oder 'n Mann!
Hannelore! Hannelore!
Schönstes Kind vom Hall'schen Tor![3]

Claire Waldoff hat aus ihrer Liebe zu »ihrer Olly«, die sie während des Ersten Weltkrieges kennenlernte, nie einen Hehl gemacht. »Wir hatten beide das große Los aneinander gezogen, je dusterer und kritischer die Zeit auch wurde. Olly ist überhaupt ein seltener, lauterer Charakter, ein wunderbarer Mensch«,[4] schreibt sie in ihren Memoiren, und sie verschweigt auch nicht, wo sie sich einst gemeinsam amüsierten. Einen Besuch im Damenklub Pyramide, der sich Mitte der zwanziger Jahre im Toppkeller in Schöneberg traf, schildert sie folgendermaßen:

»Man mußte durch drei Haustore gehen, bis man ins verschwiegene Eldorado der Frauen kam, Entree 30 Pfennig, vier Musiker mit Blasinstrumenten spielten die verbotenen Vereinslieder. Ein Saal mit Girlanden geschmückt, bevölkert von Malerinnen und Modellen. Von der Seine sah man bekannte Maler; schöne elegante Frauen, die auch mal die Kehrseite von Berlin, das verruchte Berlin kennenlernen wollten; und verliebte kleine Angestellte; und Eifersüchteleien gabs und Tränen am laufenden Band und immerzu mußten die Pärchen verschwinden, um ihren Ehezwist draußen zu schlichten. Zum so und so vielten Male ertönte im Laufe des Abends die berühmte ›Cognac-Polonaise‹, die man auf dem Tanzboden kniend, mit dem gefüllten Cognac-Glas vor sich zelebrierte. Bei dem unparlamentarischen

Text dieser Polonaise sträubt sich meine Feder ... Zwischendurch erschienen mit großem Hallo begrüßt die Koryphäen der damaligen Zeit: die hinreißende Tänzerin Anita Berber und Celly de Reydt und die schöne Susu Wannowsky und ihre Korona. Jeden Montag stieg diese ›Pyramide‹ in der Schwerinstraße um neun Uhr abends ab; es war das typische Berliner Nachtleben mit seiner Sünde und Buntheit.«[5]

In den zwanziger Jahren tritt Claire Waldoff auch in Operetten und in den zunehmend populärer werdenden, aufwendigen Ausstattungsrevuen auf, einer neuen, vom amerikanischen Showbusiness beeinflußten Unterhaltungskunst. Während sie in der Erik-Charell-Revue »An Alle« (1924/25) in einer Rolle als »Halb-Mann, Halb-Frau« gegen die bürgerliche Moral ansingt, steht sie zwei Jahre später in der Revue »Von Mund zu Mund« auf der Bühne und schmettert mit donnergrollendem R ein Lied auf die Frauenemanzipation, in dessen Refrain sie die Männer aus dem Dasein verbannt:

> Rrrraus mit den Männern aus'm Reichstag
> Und raus mit den Männern aus dem Landtag
> Und raus mit den Männern aus dem Herrenhaus,
> Wir machen daraus ein Frauenhaus!
> Und raus mit den Männern aus dem Hiersein
> Und raus mit den Männern aus dem Dasein
> Und raus mit den Männern aus dem Dortsein
> – die müßten längst schon fort sein!
> Und raus mit den Männern aus dem Bau
> Und rin in die Dinger mit der Frau!

Einen kleinen Auftritt in derselben Revue hat auch Claires damals noch wenig bekannte Freundin Marlene Dietrich, mit der sie auf Künstlerinnenfesten für Aufsehen sorgt und die von ihr damals das Singen so recht erst gelernt haben soll. Ab Mitte der zwanziger Jahre bis 1933 feiert Claire Waldoff ihre größten Erfolge, hat Soloauftritte in den beiden größten Berliner Varietés, der Scala und dem Wintergarten, aber auch im Kabarett der Komiker, dem Kadeko, und auf allen namhaften Podien Deutschlands. Bedeutende AutorInnen und KomponistInnen, darunter Kurt Tucholsky, Friedrich Hollaender und Claus Clauberg, schreiben für sie. Rundfunk- und Schallplattenaufnahmen in Rekordauflagen und Tourneen machen sie weit über die Grenzen Berlins hinaus populär.

Sie ist eine Volkssängerin, eine sozial engagierte Künstlerin, die nicht »für die reichen Pinkels, sondern für die da unten« singt, und ihre Lieder werden auf den Straßen und in den Kneipen geträllert. Mit anderen KollegInnen nimmt sie an Solidaritätsaktionen für Arbeitslose und Bedürftige teil, die unter anderem von der kommunistischen Roten Hilfe organisiert wurden. So tritt sie 1932, zusammen mit zweihundertfünfzig freiwillig Mitwirkenden, im Sportpalast Berlin unter dem Motto »Gegen die Kulturreaktion« auf – was ihr die Nazis bald zum Vorwurf machen sollten.

Der Beginn des »Dritten Reiches« bedeutete auch für viele KünstlerInnen Berufsverbot und Verfolgung; sei es, daß man sie als Juden diskriminierte, als politische Gegner bekämpfte oder ihre Kunst als »entartet« erklärte. Viele Menschen, darunter zahlreiche KabarettistInnen, sahen sich deshalb zur Emigration gezwungen. Einige versuchten auch im Ausland gegen Hitler zu agitieren, mit dem Wort als einziger »Waffe«. Erika Manns Kabarett Die Pfeffermühle war hierin wohl am erfolgreichsten, bis 1937 der außenpolitische Einfluß des Deutschen Reichs ein Weiterspielen auf europäischem Boden unmöglich machte – das Aus für die antifaschistische Pfeffermühle. Andere, in Deutschland gebliebene KünstlerInnen versuchten sich anzupassen oder machten gar, wie etwa Zarah Leander, erst im »Dritten Reich« Karriere.

Claire Waldoff gehört zu denjenigen, die den braunen Machthabern zum Trotz in Deutschland bleiben und ihre Arbeit fortführen wollen. Für sie bedeutet die Machtübernahme durch die Nationalsozialisten eine deutliche Zäsur, wenn auch kein abruptes Ende ihrer Karriere. Ihre Lebens- und Arbeitsbedingungen nach 1933 sind nur lückenhaft dokumentiert und legendenumwoben. Von Verhaftungen und Berufsverbot ist immer wieder die Rede. In ihren Memoiren hat sie sich nur sehr vage – und wohl nicht immer ganz wahrheitsgemäß – so über diese Zeit geäußert:

»Ich wurde auf den Index gesetzt. Ich wurde sofort für Film und Funk von Goebbels verboten. Mein arischer Nachweis wurde bis zum Urgroßvater in Ordnung befunden. Ich war aber unerwünscht. Die Kollegen rückten von mir ab, die Kabarettdirektoren durften keine Verträge mit mir abschließen. Da wurde ich mein eigener Manager, gab meine eigenen Abende.«[6]

Tatsächlich hat Claire Waldoff, wie aus ihrer im Berlin Document Center befindlichen NS-Personalakte hervorgeht, kurz nach der Machtübernahme der Nationalsozialisten vorübergehend ein »politisches Auftrittsverbot« bekommen, da sie vor 1933 bei Veranstaltungen der Roten Hilfe mitgewirkt habe. So steht es jedenfalls in einem Schreiben der Berliner Gruppe des »Kampfbundes für Deutsche Kultur« vom 10. April 1933 an das Regina-Theater in Dresden. Die Künstlerin habe jedoch versichert, so heißt es in diesem Brief weiter, »den Charakter der Roten Hilfe nicht gekannt zu haben, sondern lediglich sich in den Dienst der Wohltätigkeit gestellt zu haben.« Sie habe sich selbst »nie um Politik gekümmert«, sei »schon im Kriege in nationalem Sinne tätig« gewesen und besitze »zahlreiche Anerkennungen und Auszeichnungen hierfür«. Von seiten des »Kampfbundes«, der sich als die »vom Führer der nationalsozialistischen Bewegung allein bevollmächtigte Kulturorganisation« rühmte, bestehen nunmehr gegen ihr Auftreten »keine Bedenken«.

Ganz anderer Meinung ist jedoch die Ortsgruppe Hamburg des »Kampfbundes«, der von Alfred Rosenberg, dem »Chefideologen« der NSDAP, geleitet wurde. In einem Schreiben vom 22. April 1933 an das Flora-Theater Hamburg, das Claire Waldoff ab dem 1. Mai verpflichtet hatte, wettert die Ortsgruppe gegen die »kommunistische Exponentin und Vertreterin einer dekadent gewerteten Kunstrichtung« und kündigt an, ihr weiteres Auftreten mit allen Mitteln verhindern zu wollen. Doch der zuständige Staatskommissar des Preußischen Ministeriums für Wissenschaft, Kunst und Volksbildung, Hans Hinkel, entscheidet anders. Nach Vorlage des »Ariernachweises« und ihrem Eintritt in Goebbels Reichskulturkammer kann Claire Waldoff wieder auftreten und zieht im Oktober 1933 auf einer Tournee durch Süddeutschland. Der *Völkische Beobachter* und andere Parteizeitungen bejubeln die »Urberlinerin«, und das Mannheimer *Hakenkreuzbanner* schreibt lobend über einen ihrer Auftritte vor ausverkauftem Haus: »›Warum soll er nicht mit ihr vor der Türe stehn‹ und ›Hermann heeßt er!‹ – zwei Spezialitäten, erhalten ihre Wirkung erst durch den Vortrag: Drohende, aufgerissene Augen, ein männlicher Baß mit der typischen ›ewigen Heiserkeit‹, krächzender Stimmenumschlag – das Ergebnis: brausender Beifall.«

Der Goebbels unterstehende Staatskommissar Hinkel verwahrt sich dagegen in einem Schreiben vom 20. Oktober 1933 an den Leiter der Mannheimer Konzertdirektion, Hoffmeister, gegen ein in der Scala gesungenes, nicht näher bezeichnetes Couplet – sicher den assoziationsträchtigen »Hermann«. In seiner Antwort an Hinkel verteidigt Hoffmeister Waldoffs Programm gegen »falsches Muckertum und falsche Prüderie«; es enthalte nur Lieder, »die in gar keiner Form das sittliche oder moralische Gefühl verletzen können oder die irgendwie im Gegensatz zur heutigen Auffassung stehen«. Neben einem Soldatenlied und einem musikalischen »Gruß an die Heimat« waren laut Programmheft alte Hits wie »Ach Jott, wat sind die Männer dumm!« und der »Hermann« zu hören gewesen; allerdings hatte man den Komponisten mit dem allzu jüdisch klingenden Namen Mendelssohn in Adolf Walter umbenannt.

Hinkel mußte sich eingestehen, daß »Claire Waldoff durch ihre Vorträge und ihre ganze Art sozusagen zu einem Berliner ›Original‹ wurde und sich gewisser Beliebtheit erfreut«. Dies obwohl – oder gerade weil – sie mit ihren Markenzeichen, Schlips, Hemdbluse und »bronzeroten knisternden Bubihaaren« und zuweilen »rauchend und fluchend wie ein Müllkutscher« (Zille), keineswegs dem vom Regime propagierten Frauentyp entsprach. Mit ihrer Liebesbeziehung zu Olga von Roeder verletzte sie das faschistische »Volksempfinden«. »Einer der Gründe, weshalb die populäre Volkssängerin von den Nazis kaltgestellt wurde, war ihr unbefangenes Bekenntnis zu der schönen Olga«,[7] meint Heinz Knobloch in seinem Buch *Berliner Grabsteine*. Zudem fehlte ihren Liedern, soweit bekannt, alles Völkische, Rassistische; sie ließen sich nicht für die NS-Propaganda mißbrauchen.

Manch ein »anständiger Deutscher« fühlte sich jedoch durch ihre musikalischen Kommentare über Zwischenmenschliches offenbar beleidigt und scheute gar vor einer Denunziation im antisemitischen *Stürmer*-Stil nicht zurück: »Hoffentlich wird ihr beim Auftreten in der Scala am 1. August ein ihrer würdiger Empfang von anständig denkenden Deutschen bereitet«, hetzte im Juli 1935 C. Borries, ein alter Parteigenosse aus Mühlheim an der Ruhr, in einem Schreiben an Hinkel, in dem er sich selbst wenig überzeugend als Schriftsteller anpries.

Dieses Weib hat die echt jüdische Frechheit, von *Anstand* zu sprechen, wo sie unter früherem System allabendlich in jüdischen Varietéen und Kabaretts von Stinkjuden verfaßte und vertonte Ein- und Zweideutigkeiten und Zoten vor einer überwiegend aus geilen Juden bestehenden Zuhörerschaft verzapfen durfte, mit ihrem für deutsche Ohren widerlichen Organ, wobei sie die zotigen Stellen noch durch zotige Gestik unterstrich. Diese ihre Schweinereien sind sogar auf Schallplatten übernommen. Die Verse mit dem Refrain: ›Komm mit mir Karoline‹ sind ganz besonders zotig, und die Waldoff fügt denn noch ein lange wiederholtes Tutu tuta tutu dem Refrain hinzu, offenbar um den sich vollziehenden Geschlechtsakt anzudeuten.

Doch bevor es zum erwähnten Auftritt in der Scala kommen kann, wird Claire Waldoff kurzerhand für tot erklärt, zumindest in internationalen Pressemeldungen.

›Claire Waldoff, die Berliner Kabarettsängerin, die die nationalsozialistische Regierung verspottet hat, ist verhaftet worden und hat sich in ihrer Zelle erhängt.‹ So konnte man es unter dem Bilde unserer Berliner Künstlerin in der ungarischen Zeitung *Azest* am 7. Juli 1935 lesen, und so stand es in allen den Blättern, die ohne jede Nachprüfung jedes böswillige Gerücht mit Freuden als Tatsache in die Welt hinausposaunen, das geeignet erscheint, dem nationalsozialistischen Deutschland zu schaden. In Zeitungen Wiens, im Pariser *Le Soir*, in Budapester, tschechoslowakischen und holländischen Blättern – immer wieder dasselbe: Selbstmord Claire Waldoffs.[8]

Sind diese Meldungen von den Nazis lanciert worden, um die Sängerin zum Schweigen zu bringen? Unter der Überschrift »Claire Waldoff widerlegt Greuelhetze des Auslands über ihren ›Selbstmord‹« druckt die *Berliner illustrierte Nachtausgabe* vom 25.7.1935 einen Brief der Künstlerin aus ihrer Berchtesgadener Sommerfrische. »Nach dem, was ich höre, scheine ich *sämtliche Todesarten gestorben* zu sein. Wer bringt so etwas auf? Sind es Wunschträume der Kollegen und Kolleginnen? Sind es die Hundstage? Oder die ›Saure-Gurken-Zeit‹? Sind es gar beabsichtigte Greuelmärchen? Ich weiß es nicht. Ich genieße dankbar meine wenigen Ferientage in dieser unbeschreiblich schönen und gigantischen Landschaft und trete am 1. August im Eröffnungsprogramm der ›Scala‹ mit einem neuen Repertoire auf.«

Die *Nachtausgabe* schreibt weiter: »In Wahrheit hat Claire Waldoff nicht einen Tag bis zu ihren Urlaubswochen in Berchtesgaden mit der Arbeit ausgesetzt, geschweige denn der Regierung irgendwelchen Anlaß zu Maßnahmen gegen sie gegeben. Aber was verfängt das, wenn man eine so vortreffliche Gelegenheit hat, einen populären Menschen in den Mittelpunkt einer neuen Greuelpropaganda zu stellen«, kommentiert die Zeitung in Anspielung auf die antijüdischen Aktionen von 1933, die von den Nazis als ausländische »Greuelhetze«, als böswillige Falschmeldung einer internationalen Presse-Verschwörung abgetan wurden.

Was war der Hintergrund für die Gerüchte? Vermutlich hatte Claire bei einem Auftritt wieder einmal ihr so beliebtes Lied vom Draufgänger Hermann gesungen. »Wenn man denkt«, schrieb der Freund und Theaterkritiker PEM (Paul Erich Marcus) 1948, »daß man sie damals fast von der Bühne geholt hätte, weil man nach dem Reichstagsbrand glaubte, sie wolle mit ihrem ›Hermann heeßt er ...‹ auf den Täter weisen«[9]. Zudem kursierte die auf Göring gemünzte Zusatzstrophe:

Rechts Lametta, links Lametta
und der Bauch wird immer fetta
und in Preußen ist er Meester –
Hermann heeßt er!

Claire selbst hat dazu lediglich gesagt, daß Reichspropagandaminister Goebbels, der faktisch die Kompetenz eines Reichskulturministers innehatte, ihr den Schlager verboten habe, daß der Spottvers jedoch nicht von ihr stamme, sondern »vom Volk« hinzugedichtet worden sei. Offensichtlich war es bereits ein Affront, daß sie die ursprüngliche, assoziationsreiche Version sang. Und dies immer wieder, wie zahlreiche Rezensionen belegen.

Der angekündigte Auftritt im August 1935 findet statt. Dabei verleiht ihr der Leiter der Scala unter dem Beifall der ZuschauerInnen ein goldenes Medaillon, die höchste Auszeichnung dieser beliebten Unterhaltungsbühne. Schon ein Jahr später erregt sie jedoch hier, wie Helga Bemmann in ihrer Waldoff-Biographie *Wer schmeißt denn da mit Lehm?*[10] schreibt, den Zorn des anwesenden Goebbels, der ihr weitere Auftritte in der Scala verbietet. Doch einmal zumindest erscheint sie dort noch auf der Bühne. »Es ist mir nichts geschehen«, resümiert sie in ihrem Buch. »Ich tanzte am Rande des Abgrundes, aber keiner wagte es, mich hineinzustoßen.«[11] Gelegentlich, wenn auch immer seltener, hat sie noch Auftritte in anderen deutschen Städten, wie Köln, Augsburg und München, und in Berlin erheitert sie das Publikum im Wintergarten und im Kadeko zusammen mit der Tänzerin Lene Ludwig, die sie Mitte der dreißiger Jahre kennenlernte. Deren Spezialität sind parodistische Tänze mit Masken populärer Persönlichkeiten, darunter auch Claires. »Ein doppelter Erfolg war das«, erzählte mir Lene Ludwig in einem Gespräch im August 1992. »Erst trat Claire auf mit ihren Liedern, und dann kam ich mit der Maske. Das Publikum hat gestürmt und geklatscht. Eine Schönheit im landläufigen Sinne war Claire ja nicht, sie war klein und pummelig. Aber sie war eine große Persönlichkeit, unerhört unterhaltend, amüsant, sie war voller Ideen, und wenn sie rauskam auf die Bühne, hatte sie eine ungeheure Ausstrahlungskraft.« »Ein hübsches Dezemberprogramm«, hieß es denn auch in einer Zeitungsnotiz über ein Waldoff-Ludwig-Doppel im Kadeko zu Anfang des Krieges:

Der Knalleffekt darin ist Cläre Waldoff, die Pointe Lene Ludwig. [...] Wenn ihr vielumflüstertes ›Hermann heeßt er‹ himmelwärts kirrt, wenn sie den

Refrain ›Da wackelt die Wand‹ hinter gepreßten Zähnen zu einem einzigen kurzen Berliner Ur- und Grunzlaut zusammenzieht, scheint so viel vulgäre Grazie schlechthin unnachahmlich. Zum Schluß feiert sie ihre mimischen Triumphe im Hexenkessel jenes zwerchfellerschütternden ›Ich-auch‹-Rundgesanges, dessen Echo im letzten Wunschkonzert beinahe die Gehäuse unserer Radioapparate zersprengt hätte.

Das Kabarett war nach 1933 nicht einfach aus-, sondern wie alle Kulturbereiche »gleichgeschaltet« und »arisiert« worden. Auch hier, wie etwa im Spielfilm, sollte nun die Wirklichkeit ausgespart bleiben und das Publikum im Sinne der NS-Weltanschauung unterhalten werden. »Was vom Kabarett bleibt, ist, von wenigen Ausnahmen abgesehen, das Artistische als Selbstzweck, die Varieté-Nummer als Attraktion«, schreibt Volker Kühn in seinem Buch über das Kabarett im »Dritten Reich«. »Schlagerstars und Ballettsternchen bevölkern nun die einstmals so renommierte Bühne [des Kadeko] am Lehniner Platz, wo das Kabarett zum launigen Stimmungslieferanten verkommt und der Pausenfüller Programm wird.«[12] Nach Kriegsbeginn wurden Kabarett und Varieté verstärkt im Rahmen der NS-Organisation »Kraft durch Freude«, die den gesamten Bereich der Freizeitkultur organisieren und kontrollieren sollte, und der sogenannten »künstlerischen Truppenbetreuung« eingesetzt: Es galt, gute Laune bei den Soldaten und der Zivilbevölkerung zu verbreiten. Unterhaltung als Ablenkung um jeden Preis. Claire beteiligt sich an den seit Kriegsbeginn ausgestrahlten »Wehrmachtswunschkonzerten«, erntet aber nicht nur Beifall, wenn man den »Meldungen aus dem Reich«, den vom Sicherheitsdienst der SS zusammengestellten Stimmungsberichten Glauben schenken kann. »Viele Volksgenossen wendeten sich«, so heißt es in einer Meldung vom Januar 1941, »gegen das Auftreten von Claire Waldoff. Abgesehen davon, daß ihre Chansons inhaltlich sehr dürftig gewesen seien und keineswegs den Humor darstellten, den man sich wünsche, falle Claire Waldoff durch die ›gewöhnliche‹ Art ihrer Darbietungen aus dem insgesamt würdigen Rahmen eines Wehrmachtswunschkonzertes heraus.« Und einer anderen Meldung vom November 1941 zufolge war »in der

Sendung das Auftreten von Kläre Waldoff beanstandet worden. Die Sendung sei durch ihr Organ geradezu als ›gestört‹ empfunden worden.« [13]

Noch bis Anfang 1943 sind Auftritte Claire Waldoffs belegt; im Januar 1942 gar in dem seit anderthalb Jahren besetzten Paris. Die deutsche Besatzung versuchte, das Pariser Theaterleben mit Operetten- und Varietéabenden in Gang zu halten, so als sei eigentlich nichts geschehen. Während Claire Waldoff, vom Kollaborationsblatt *Pariser Zeitung* als »Berliner Type« mit einem »bunten Programm« angekündigt, vor deutschen Soldaten sang, sollte ihre einstige Freundin und »große Liebe«, Marlene Dietrich, die Nazi-Deutschland den Rücken gekehrt hatte und vor amerikanischen Soldaten sang, bald darauf mit den Alliierten ins befreite Paris einziehen.

Bayrisch-Gmain, ein kleines Dorf zwischen Berchtesgaden und Bad Reichenhall. Hier lebte der einstige Publikumsliebling seit Kriegsbeginn mit Olga von Roeder. Ihre (relative) Freiheit erkaufte sie sich durch Stillschweigen; zudem wurde der gesamte Theater- und Kabarettbetrieb im September 1944 aus Kriegsgründen endgültig eingestellt. Trotz aller Schikanen habe sie das »Dritte Reich« wohlbehalten überlebt, obwohl man ihre Veranstaltungen gewaltsam zu sprengen versucht habe, berichtete sie dem *Südost-Kurier* im August 1946. Auch konnte sie nach 1933 offenbar keine Plattenaufnahmen mehr machen.

Nach Kriegsende kehrt die nunmehr Sechzigjährige nicht mehr in die »Reichstrümmerstadt« – Wahlheimat und Stadt ihrer größten Erfolge – zurück; nicht zuletzt, weil ihre Wohnung im Bayrischen Viertel in Schöneberg bei einem Luftangriff zerstört worden ist. Obwohl Claire Ende der vierziger und Anfang der fünfziger Jahre noch etliche Auftritte vor ausverkauften Häusern hat, bedeutet dies weder eine neue noch die Fortsetzung ihrer alten Karriere. Durch die Währungsreform 1948 verliert sie sämtliche Ersparnisse; Krankheiten hindern sie zunehmend an kontinuierlicher Arbeit, und sie gerät in finanzielle Nöte. Angesichts ihrer persönlichen und der politischen Lage resigniert sie zunehmend. In einem *BZ*-Interview von 1954 beklagt sie, daß in Bayern noch immer die Nazis an leitender Stelle säßen, und in einem

Brief an Lene Ludwig vom April 1950 befürchtet sie, ein dritter Weltkrieg komme »schneller als wir denken«. In einem anderen Brief von 1955, inmitten des Kalten Krieges, heißt es, ein großes Desaster liege »in der Atomluft«. Zu ihrem siebzigsten Geburtstag gewährt ihr der West-Berliner Senat schließlich eine kleine »Ehrenrente«. Gut zwei Jahre später, am 22. Januar 1957, stirbt Claire Waldoff an einem Schlaganfall.

»Das Leben hat für mich keinen Inhalt mehr«, schreibt Olga von Roeder kurz nach Claires Tod verzweifelt an den Freund PEM. »Wir waren durch die vierzig Jahre unseres Zusammenseins eben zu innig miteinander verbunden, als daß diese Lücke jemals für mich ausgefüllt werden könnte. Wir lebten eben tatsächlich nur einer für den andern. [...] Ich wäre froh, wenn meine Asche schon mit Claires Asche in Frieden ruhen könnte.«[14] Sechs Jahre später geht der Wunsch der Hinterbliebenen in Erfüllung.

Vor dem Friedrichstadtpalast im Ostteil Berlins, einst Schauplatz ihrer Revue-Erfolge, steht eine Büste des Bildhauers Reinhard Jacob. Die Sängerin mit Herz und Schnauze scheint mit den Augen zu zwinkern, ein Lied auf den Lippen.

Anmerkungen

1 Claire Waldoff: *Weeste noch ...!* Düsseldorf 1953, S. 42.
2 Ebd., S. 52.
3 Zit.n. *Die Lieder der Claire Waldoff.* Nach alten Schallplatten rekonstruiert und mit einem Nachwort von Helga Bemmann. Berlin/DDR 1983, S. 42 f.
4 Waldoff, S. 90.
5 Ebd., S. 54 f.
6 Ebd., S. 90.
7 Heinz Knobloch: *Berliner Grabsteine. Spaziergänge wider die Vergessenheit.* Berlin 1988, S. 73 f.

8 *Berliner illustrierte Nachtausgabe* vom 25. 7. 1935.
9 PEM: »Claire heeßt' se«, in: *Argentinisches Tageblatt* 1948, zit.n. Waldoff, S. 119.
10 Helga Bemmann: *Wer schmeißt denn da mit Lehm?* Eine Claire-Waldoff-Biographie. Berlin/DDR 1982.
11 Waldoff, S. 90.
12 *Deutschlands Erwachen. Kabarett unterm Hakenkreuz 1933–1945*. Hg. Volker Kühn. Weinheim, Berlin 1989, S. 101.
13 *Meldungen aus dem Reich. Die geheimen Lageberichte des Sicherheitsdienstes der SS 1938–1945*. Hg. Heinz Boberach. Herrsching 1984. »Meldung« v. 30. 1. 1941, S. 1955, und v. 20. 11. 1941, S. 3010.
14 Brief Olga v. Roeder an PEM, 11. 2. 1957. Stiftung Deutsche Kinemathek, Berlin.

»Finden sie mich oder finden sie mich nicht«
Gertrude Sandmann (1893–1981)

22. November 1943. In Berlin beginnt der verheerendste Luftangriff seit Kriegsbeginn. Zwei Stunden lang werfen über sechshundert britische und kanadische Flugzeuge Tausende von Spreng- und Brandbomben auf die nächtliche Reichshauptstadt. Gertrude Sandmann sitzt in ihrem Versteck, hält den Atem an und hofft, daß die Bomben sie nicht treffen. Gleichzeitig bringt sie jeder der nun immer häufiger werdenden Angriffe der ersehnten Befreiung näher, so makaber das auch klingt. Offiziell gibt es Gertrude Sandmann gar nicht mehr, haben die Nazis doch im Mai 1943 Berlin – wider besseren Wissens freilich – für »judenfrei« erklärt. Ein Anliegen, das Goebbels, in seiner Eigenschaft als »Gauleiter« von Berlin, besonders am Herzen lag. Doch Gertrude Sandmann, deren »Verbrechen« einzig und allein darin besteht, jüdischer Abstammung zu sein, lebt. Besser gesagt, sie fristet ihr Dasein. Ihrem wichtigsten Lebensinhalt, ihrer Kunst, kann die passionierte Malerin schon lange nicht mehr nachgehen; es geht ums nackte Überleben. Eine befreundete »arische« Familie hat sie aufgenommen, und so lebt sie seit einem Jahr illegal in deren Wohnung in Berlin-Treptow. In dieser Nacht hat sie noch einmal Glück gehabt: ihr Unterschlupf wurde nicht getroffen, die alliierten Bomber drehen ab, und bald heult die Entwarnung. Plötzlich poltern jedoch Schritte vor der Tür – der Luftschutzwart macht seinen Kontrollgang durch die Wohnungen. Es bleibt der zierlichen Frau nichts anderes übrig, als sich schnell in einem Schreibtisch zu verstecken und zu hoffen, daß kein plötzlicher Hustenanfall sie verrät. »Finden sie mich oder finden sie mich nicht«, lautet Gertrude Sandmanns bange Frage bis Kriegsende immer wieder.

In einem von Zeichnungen überquellenden Atelier steht eine

weißhaarige alte Dame im Malerkittel vor einer Staffelei. Vor sich ein fast vollendetes Portrait einer Frau mit Hut. Sie prüft es mit kritischem Blick und setzt zu ein paar letzten Strichen an: So zeigt ein Foto aus den sechziger Jahren Gertrude Sandmann bei der Arbeit – zwanzig Jahre nach ihrem Untergrunddasein und dem Berufsverbot durch die Nazis. In rund sechzig Jahren schuf sie mit ungeheurem Arbeitseifer ein Œuvre, das weit über tausend Arbeiten umfaßt. (Eine genaue Zahl läßt sich nicht feststellen, da kein Werkverzeichnis existiert und vieles durch den Krieg zerstört wurde.) Erprobt und erfahren in vielen Techniken, zeichnete sie meist mit Kreide oder Kohle, malte aber auch Aquarelle und Pastelle. Ihr kam es hauptsächlich auf die Form an, die Farbe war Zutat. Mit wenigen künstlerischen Mitteln versuchte sie das Wesentliche, das Charakteristische einer Erscheinung festzuhalten; sie arbeitete mit Auslassungen, die die Phantasie, das Mit-Sehen, anregen sollten. Die »unscheinbare Schönheit« des Alltags, die sie in einer schlafenden Frau oder einer aufgeplatzten Kastanie entdeckte, wollte sie durch ihre Zeichnungen auch anderen sichtbar machen. Gertrude Sandmanns Bilder sind in erster Linie das Ergebnis ihrer Freude am Sehen, nicht Mittel sozialer Anklage, wie dies bei ihrem »bewunderten Vorbild« Käthe Kollwitz häufig der Fall war.

Warum Gertrude den Entschluß faßte, Malerin zu werden, wissen wir nicht. Über ihre Kindheit und Jugend ist nur wenig bekannt. Sie wächst im vornehmen Berliner Bezirk Tiergarten in einer assimilierten jüdischen Familie auf. Der Vater, David Sandmann, hatte es als Plantagenbesitzer in Ostafrika und als Spirituosenfabrikant zu einigem Vermögen und als Handelsrichter und Bürgerdeputierter zu Ansehen gebracht. Schon bald nach dem Abitur 1913 beginnt Gertrude Sandmann eine Ausbildung an der Kunstschule des »Vereins der Berliner Künstlerinnen« bei Martin Brandenburg. »Bis zum Ende des ersten Weltkrieges wurde an der Berliner Hochschule für bildende Künste (damals ›Akademie‹ genannt) keine Frau als Schülerin zugelassen, ganz gleich, wie begabt sie war«, schreibt sie im Rückblick auf die Hindernisse, mit denen Künstlerinnen damals konfrontiert waren. »Die Folge: emanzipierte Frauen gründeten den ›Verein

Gertrude Sandmann in ihrem Atelier, 1968

Berliner Künstlerinnen‹, der Malerinnen, Graphikerinnen und Bildhauerinnen ausbildete und Ausstellungen machte.«[1] Mit diesem 1867 gegründeten Verein wurde die Ausbildung der professionellen bildenden Künstlerin erstmals institutionalisiert. Zu den 1200 Mitgliedern dieses renommierten – übrigens heute noch bestehenden – Vereins gehörten Künstlerinnen wie Käthe Kollwitz, Paula Modersohn-Becker, Renée Sintenis, Jeanne Mammen und Hannah Höch.

Weitere Lehr- und Arbeitsstationen im In- und Ausland folgen: Zwischen 1917 und 1921 studiert Gertrude Sandmann in München bei Otto Kopp (Freie Sezession), und 1922 nimmt sie in Berlin Privatunterricht bei Käthe Kollwitz, die ihre Schülerin als eine »sehr ernsthaft arbeitende, beachtenswerte Künstlerin« beurteilt, deren Weiterentwicklung sie mit Interesse entgegensehe. Tatsächlich bleiben beide Frauen bis zum Tod Käthe Kollwitz' 1945 freundschaftlich verbunden. Ab Mitte der zwanziger Jahre lebt und arbeitet Gertrude Sandmann als freischaffende Künstlerin längere Zeit in Paris und Italien, beteiligt sich an mehreren Berliner Kunstausstellungen und illustriert zum Broterwerb auch Zeitschriften.

»Wann wird endlich ein Kunstwerk nur danach beurteilt, ob es gut oder nicht gut ist, unabhängig vom Geschlecht des Künstlers.« Diese in den siebziger Jahren geäußerte Kritik Gertrude Sandmanns an der häufig abfälligen Beurteilung sogenannter »Frauenkunst« war in den zwanziger Jahren nicht weniger zutreffend. Die anhaltende berufliche und soziale Benachteiligung von Künstlerinnen machte allerdings eine separate Organisierung von Frauen notwendig, und so schloß sie sich der 1926 gegründeten GEDOK an, der deutsch-österreichischen »Gemeinschaft der Künstlerinnen und Kunstfreunde«, der sie auch nach deren Neugründung in den sechziger Jahren wieder angehörte. Über die Arbeitsbedingungen von Künstlerinnen und über ihr eigenes Selbstverständnis hat sie sich – in einer für die siebziger Jahre keineswegs selbstverständlichen Offenheit – folgendermaßen geäußert:

»Erforderlich oder zumindest günstig ist es für eine Künstlerin, nicht in einer Verbindung zu leben, die Ansprüche im Sinne der patriarchalischen Rollenverteilung an sie stellt, sondern in einer Bindung, die ihre Arbeit nicht hindert, ihre Entwicklung nicht hemmt, also eine Verbindung, die viel Gegenseitig-Kameradschaftliches enthält. Darum erscheint es mir als ein Glück, wenn man als Künstlerin Lesbierin ist und sich auch wie ich ohne Schuldgefühle dazu bekennen kann. [...] Homosexuell zu sein, ist nicht nur eine Sexualvariante, sondern eine sich durch diese Veranlagung ergebende andere Einstellung auf vielen Gebieten. Ebenso wie Käthe Kollwitz erscheint es mir als fast notwendige Vorbedingung, daß der Künstler nicht einheitlich Mann oder Frau ist, sondern deutlich beides, Aktives und Passives, in sich vereint, wenn er das vielleicht auch nicht auslebt. Es ist so, daß die Wesensart des Künstlers homosexuell oder zumindest bisexuell ist.«[2]

Schon die wenigen erhaltenen Arbeiten aus ihrer frühen Periode – die erste überlieferte Zeichnung stammt von 1918 – weisen zwei Charakteristika auf: erstens eine Vorliebe für die *Zeichnung*, die für sie kein Provisorium, keine Vorarbeit zu einem Bild in anderer Technik, sondern ein in sich geschlossenes, authentisches Kunstwerk ist. Zweitens hat Gertrude Sandmann überwiegend Frauen gezeichnet. Aus der Zeit um 1925 etwa sind mehrere Akte von Frauenpaaren erhalten. Beeindruckend, mit welch sparsamen Mitteln, wenigen kraftvollen Strichen, Gertrude Sandmann das Wesentliche erfassen und eine erotische Atmosphäre schaffen konnte! »Ich zeichne Frauen, die natürliche Bewegungen haben, die ausdrücken, was sie fühlen«, sagte sie einmal über ihre Motive, »und [ich] zeichne Gesichter, die keine Masken sind oder nur Masken, durch die ich hindurchsehen kann – also Menschen, die erlebten und erlitten –, viele Arten von Menschen. Nur Frauen zeichne ich, weil sie mir näher sind als Männer, da ich ihr Wesen und ihre Körperlichkeit durch mein eignes Frau-Sein nachfühlen kann.«[3]

Wohl früh schon entdeckte Gertrude Sandmann, daß Frauen ihr »näher sind als Männer«. Zu Beginn des Ersten Weltkrieges ist sie mit Lilly zu Klampen liiert, einer Freundin aus den Schultagen, die 1929 den Soroptimistenclub gründete, dem berufstätige Frauen und Künstlerinnen wie Tilla Durieux, Jeanne

Mammen und die Schriftstellerin Tami Oelfken angehörten. Ob diese oder eine andere Frauenbeziehung den Unwillen der Eltern erregt hat, auf deren finanzielle Unterstützung Gertrude Sandmann angewiesen ist? Um den familiären Anforderungen Genüge zu leisten, geht sie 1915 eine Proforma-Ehe mit dem Arzt Hans Rosenberg ein, die jedoch bald wieder geschieden wird.

Lesbische Frauen hätten in der Weimarer Republik »viel größere Schwierigkeiten als heute [gehabt], wenn sie wesensgemäß und nicht getarnt leben wollten: schärfere Widerstände, Auseinandersetzungen und Zwangsmaßnahmen in der Familie, notwendige Tarnung in den meisten Berufen etc.«, schreibt sie 1976 in einem Rückblick auf diese bewegte Zeit. Und sie warnt davor, diese Jahre »in verfehlter Nostalgie« die »goldenen« zu nennen, »weil man nicht an das Elend der Kriegsversehrten und -hinterbliebenen, nicht an die Inflation und Arbeitslosigkeit denkt, von der auch die Frauen schwer betroffen wurden, sondern nur an die großen künstlerischen Leistungen in dieser Zeit, nur an die schäumende Lebensfreude, die Reaktion auf den jahrelangen seelischen Druck des Krieges, nur an die Lockerung der Sex-Tabus – endlich streifte man die viktorianische Moral ab«.[4]

Die zunehmende Bedrohung der demokratischen Weimarer Republik dürfte Gertrude Sandmann, die in ihrer Münchner Studienzeit Mitglied der linken Unabhängigen Sozialdemokratischen Partei (USPD) war, weil sie als einzige Partei gegen den Krieg stimmte, mit Sorge beobachtet haben. Frühzeitig erkennt sie, daß die Machtübernahme der Nationalsozialisten nichts Gutes verheißen kann, und geht in die Schweiz. 1934 muß sie jedoch nach Deutschland zurückkehren, da ihr die Schweiz keine Aufenthalts- und Arbeitserlaubnis mehr gewährt. Im selben Jahr wird sie wegen »nichtarischer« Abstammung aus ihrer Berufsorganisation, dem Reichsverband bildender Künstler ausgeschlossen. Daß sie 1926 aus der Jüdischen Gemeinde ausgetreten und seitdem konfessionslos war, interessierte die Nazis in ihrem Rassenwahn freilich nicht. Im Jahr darauf, im April 1935, folgt das endgültige berufliche Aus durch den Präsidenten der Reichskammer der bildenden Künste, Hönig. Die Reichskammer gehörte zu der Goebbels unterstehenden Reichskulturkammer,

Studie, Florenz 1933, 44 x 58

Gruppe 18, X, 1918, lavierte Federzeichnung, 24 x 26

Rückenakt, 1933, Kreide, 48 x 62

Halbakt mit Hut, 1922, Graphit, 29 x 23,5

Emigrantin, 1935, Kohle und Kreide, 38,5 x 49,5

und die Mitgliedschaft in der entsprechenden Unterorganisation war Voraussetzung für künstlerische Arbeit im »Dritten Reich«. Als unzuverlässig oder ungeeignet erachtete Mitglieder wurden ausgeschlossen beziehungsweise gar nicht erst aufgenommen. Dazu gehörten neben Juden und »Judenmischlingen«, politisch Unzuverlässigen und »geistig Minderwertigen« auch Homosexuelle.

Da sie »Nichtarier« sei und »als solcher die für die Schaffung deutschen Kulturgutes erforderliche Zuverlässigkeit und Eignung« nicht besitze, lehnt Hönig ihre Aufnahme in die Reichskammer der bildenden Künste ab – ein Gesuch, das Gertrude Sandmann freilich gar nicht gestellt hatte. Die Ausschlüsse wurden vielmehr anhand der beruflichen Registrierungen allen »nichtarischen« KünstlerInnen automatisch zugesandt. Hönig verbietet ihr gleichzeitig »die weitere Berufsausübung als Maler und Graphiker«, das heißt, sie kann nun nicht mehr unterrichten, ausstellen oder verkaufen. In den folgenden Jahren ist sie deshalb um so mehr auf das Vermögen des 1917 verstorbenen Vaters angewiesen.

So gut es unter diesen Umständen und bei knapp werdenden Materialien eben geht, zeichnet Gertrude Sandmann trotzdem in aller Heimlichkeit weiter. Zeitschriftenphotos müssen nun als Vorlage dienen. Von den wenigen aus dem »Dritten Reich« erhaltenen Arbeiten zeigen Bilder mit Titeln wie »Die Kauernde« oder »Die Emigrantin« die künstlerische Auseinandersetzung mit dieser Zeit. Daß sie von Staats wegen wie eine Verbrecherin behandelt und daß ihre Kunst als »entartet« verboten wird, gehört zu den schlimmsten Erfahrungen, die sie während des Nationalsozialismus erleiden muß.

Ihre Schwester Vera Mastrangelo, die durch ihre Heirat italienische Staatsangehörige ist, läßt 1939 das elterliche Haus Am Karlsbad 11 auf ihren Namen überschreiben, um die Familie vor der »Arisierung«, wie die Enteignung »jüdischen Besitzes« von den Nazis umschrieben wurde, zu bewahren. Ein kluger Schachzug, der allerdings nicht verhindern kann, daß das Haus 1944 bei einem Luftangriff zerstört wird. Doch bis 1942 bietet es Gertrude Sandmann und ihrer Mutter Ella Unterschlupf.

Noch einmal entschließt sie sich zur Flucht. Tatsächlich gelingt es ihr im Sommer 1939 durch die Vermittlung eines englischen Kunsthändlers, eines der raren Visa für England, wohin inzwischen auch der befreundeten Schriftstellerin Ann K. Hartwin die Flucht geglückt ist, zu ergattern. Doch sie bringt es nicht übers Herz, ihre inzwischen schwerkranke Mutter in Berlin allein zurückzulassen. Im September 1939 beginnt Deutschland den Zweiten Weltkrieg, im Monat darauf stirbt Gertrudes Mutter, und danach kann sie mit ihrem englischen Visum nichts mehr anfangen.

Obwohl der antijüdische Terror von Anfang an auch den Zweck hatte, die Auswanderung zu forcieren, machten zahlreiche Bestimmungen ebendiese Ausreise zunehmend schwieriger; die restriktive Asylpolitik der meisten in Frage kommenden Fluchtländer tat ein übriges. Eine Emigration war nach Kriegsbeginn kaum noch möglich, und bald schnappte die Falle endgültig zu: Das ab Oktober 1941 herrschende Ausreiseverbot machte ein Entrinnen aus Deutschland quasi unmöglich; gleichzeitig begannen die Nazis mit der Deportation der jüdischen Bevölkerung.

Hunderte von antijüdischen Gesetzen und Maßnahmen machen auch Gertrude Sandmann das Überleben immer schwerer. Ab Januar 1939 muß sie ihren zweiten »germanischen« Vornamen Tusnelda, der wohl der Vaterlandsliebe der Eltern geschuldet war, durch den Zwangsnamen »Sara« ersetzen und ab September 1941 den Judenstern tragen, der die Ausgestoßene weithin sichtbar macht und Beschimpfungen auf der Straße ausliefert. Sie muß Schmuck und Wertsachen abgeben und – die Perfidie nimmt kein Ende – die Bußzahlung von einer Milliarde Mark für die Schäden der Pogromnacht von 1938 mitbezahlen. Nur ihr äußerst schlechter Gesundheitszustand bewahrt sie davor, zur Zwangsarbeit dienstverpflichtet zu werden. Im Sommer 1942 werden ihr einziger Onkel, Arthur Wolffgang, und ihre Tante ins KZ Theresienstadt deportiert, wo sie beide umkommen. Die jüdische Bevölkerung von Berlin, die 1933 etwa 160 000 Menschen zählte, ist durch Vertreibung und Deportation bereits auf ein Viertel ihrer ursprünglichen Zahl reduziert worden.

Im November 1942 ist Gertrude Sandmann, da sie keine Zwangsarbeit leistet, sich somit nicht als »nützlich« erweist, unmittelbar von der Deportation bedroht. Nachdem es ihr nicht gelang, eine Einreiseerlaubnis zu ihrer Schwester nach Italien zu bekommen, entschließt sie sich, den einzigen noch verbliebenen Ausweg zu nehmen und unterzutauchen. Am 21. November 1942 flieht sie aus ihrer eigenen Wohnung und hinterläßt der Gestapo, die bald vor der Tür stehen und alles ausrauben wird, einen Abschiedsbrief, in dem sie ihren Selbstmord ankündigt – eine Verzweiflungstat, die in jenen Tagen unter der in die Enge getriebenen jüdischen Bevölkerung keine Seltenheit ist.

Um diesen Entschluß glaubwürdig aussehen zu lassen, muß sie alles in ihrer Wohnung zurücklassen, inklusive der damals bereits lebenswichtigen Lebensmittelkarten – die allerdings sowieso nicht ausreichen, wurde ihr als Jüdin doch nur ein Fünftel der üblichen Ration zugestanden. Ohne die Hilfe ihrer Freundinnen, die unter Lebensgefahr zum Helfen bereit sind, wäre ein Untertauchen damals unmöglich gewesen. Doch Gertrude Sandmann hat Glück: Ihre Freundin, die Kunstgewerblerin Hedwig (»Johnny«) Koslowski, seit 1927 mit Gertrude Sandmann liiert, läßt ihre Lebensgefährtin nicht im Stich – wahrlich keine Selbstverständlichkeit in einer Zeit, in der viele »Mischehen« und Partnerschaften durch den äußeren Druck zerbrechen.

Hedwig Koslowski »organisiert« einen Unterschlupf bei der befreundeten Familie Großmann in Berlin-Treptow. In einer winzig kleinen Kammer hält Gertrude Sandmann sich verborgen, lebt von dem, was Frau Großmann von ihrer Essensration abzweigt und was Hedwig Koslowski besorgen kann. Was es heißt, monate-, ja jahrelang im Versteck zu leben, hat Anne Frank in ihrem Tagebuch eindringlich beschrieben. Auch Gertrude Sandmann muß jedes Geräusch in der hellhörigen Wohnung vermeiden, darf nicht ans Fenster treten und die Wohnung nie verlassen, auch nicht während der schwersten Bombenangriffe, denen sie schutzlos ausgeliefert ist. Nur durch Autogenes Training kann sie diese Zeit äußerster Anspannung überstehen. Bis zu ihrem Lebensende konnte ein unverhofftes Klopfen an der Tür oder das Klingeln des Telefons Gertrude Sandmann in Angst und Schrecken versetzen und nächtliche Alpträume heraufbeschwören.

Im Sommer 1944, nach anderthalb Jahren des Eingesperrtseins, wird die Situation für sie immer unerträglicher. Auch möchte sie die Großmanns nicht länger gefährden, denn wenn bei einem Bombeneinschlag entdeckt worden wäre, daß sie eine Jüdin in ihrer Wohnung versteckten, hätten sie mit dem Schlimmsten rechnen müssen – Gefängnis oder KZ. Wieder gelingt es Hedwig Koslowski, einen Unterschlupf zu organisieren, diesmal in einer unbewohnten Laube in Biesdorf. Feuer und Licht darf sie wegen der Nachbarn nicht machen. Hedwig Koslowski und die langjährige Freundin Gertrude Sandmanns aus den zwanziger Jahren, Susy Hermans, versorgen die Untergetauchte mit Essen. Da sie längst nicht mehr zeichnen kann, deklamiert sie Gedichte und trainiert ihr Gedächtnis, um nicht den Verstand zu verlieren. Im Herbst macht die einsetzende Kälte eine erneute Flucht nötig; diesmal nimmt Hedwig Koslowski die Freundin mit in ihre eigene Wohnung in Schöneberg, die sie mit einer anderen Kunstgewerblerin teilt. Dort erlebt Gertrude Sandmann, auf siebzig Pfund abgemagert, die Befreiung durch die alliierten Truppen. Endlich kann sie – und etwa 1200 andere Berliner Jüdinnen und Juden, die ebenfalls als sogenannte »U-Boote« im Untergrund überlebten – wieder aufatmen. Endlich hat die jahrelange Angst vor der Entdeckung und ihren tödlichen Folgen ein Ende, wenn sie sich auch in der Illegalität schwere gesundheitliche Schäden zugezogen hat.

Mit Hilfe ihrer Freundin findet Gertrude Sandmann bald eine Wohnung und ein Atelier in der Eisenacher Straße in Schöneberg, ihr Domizil bis zu ihrem Lebensende. Bald fängt sie wieder zu zeichnen an. »Ich habe nicht mehr so viel Lebenszeit – wenn es doch Zeit zu kaufen gäbe«, umschreibt sie einmal ihren Wunsch, die geraubte Zeit und Schaffenskraft ersetzen zu können. Es scheint jedoch, daß sich die Jahre im Untergrund *thematisch* kaum auf ihr Schaffen ausgewirkt haben; es überwiegen nach wie vor die Frauendarstellungen. »Aber das Vitale, Kräftige ist durch die Kriegseindrücke gebrochen worden«, meint Jürgen Lohse, der Gertrude Sandmann 1957 kennenlernte und bis zu ihrem Tod mit ihr befreundet war, zu den Auswirkungen jener mörderischen Jahre.

Zwar ist sie bei mehreren Nachkriegsausstellungen – 1949, 1958 und 1968 – mit Bildern vertreten; doch nur einmal, 1974, werden fünfundvierzig neuere Arbeiten in einer Einzelausstellung in der Düsseldorfer Galerie Vömel gezeigt. »Es gibt Arbeiten der reinen Freude neben dem Schweren; und immer wieder faszinieren sie die einfachen Gegenstände des täglichen Umgangs«, schreibt Eva Kollwitz in der Ausstellungsbroschüre. »Eine Eierschale schimmert wie Mondlicht, eine Frucht vermittelt das sinnliche Erlebnis des Schmeckens.«

Anläßlich einer Kollektivausstellung 1968 im Schöneberger Haus am Kleistpark, auf der über siebzig ihrer Bilder gezeigt wurden, stellte der *Tagesspiegel*-Kritiker Albert Buesche zu Recht verwundert fest, daß Gertrude Sandmann, eine »Zeichnerin von Berufung«, kaum bekannt sei, obwohl sie in den Nachkriegsjahrzehnten unermüdlich künstlerisch tätig gewesen sei. Zum geringen Bekanntheitsgrad der Künstlerin hat sicherlich auch beigetragen, daß Gertrude Sandmann es ablehnte, »um jeden Preis« auszustellen. Um die künstlerische Qualität nicht zu gefährden, sollte die Arbeit auch möglichst nicht der Existenzsicherung dienen müssen – eine »Lektion«, die ihr einst Käthe Kollwitz erteilt hatte.[5]

Eine geringe finanzielle Entschädigung für das während der NS-Zeit erlittene Unrecht ermöglicht ihr nach dem Krieg ein bescheidenes Auskommen. Nach der Trennung von Hedwig Koslowski 1956 teilt sie ihr Leben mit der früheren Zirkusartistin Tamara Streck, die sich als Kraftfahrerin verdingt. Während Gertrude Sandmann einst im Untergrund um ihr Überleben zitterte, hatte Tamara Strecks Leben als Nichtjüdin eine andere Wendung genommen; im Rahmen der »künstlerischen Truppenbetreuung« vollführte sie Kunststücke auf dem Trapez.

Die Initiativen der Anfang der siebziger Jahren entstehenden Neuen Frauenbewegung verfolgt Gertrude Sandmann mit regem Interesse, und sie unterstützt verschiedene West-Berliner Frauenprojekte, so etwa die Frauengalerie Andere Zeichen. Aufgrund ihrer Erfahrungen in den zwanziger Jahren weiß sie, wie wichtig Treffpunkte und Gruppen für lesbische Frauen sind. »Die Clubs, die heute geschmähte ›Subkultur‹, waren damals der erste Anlauf, die erste und einzige und sehr begrüßte Möglichkeit, mit gleichveranlagten Frauen zusammenzukommen und sich aus der Isolierung zu befreien – ein sehr wichtiger Anfang!« schrieb sie einmal über die Bedeutung der Clubs für die Identitätsfindung in ihrer Jugendzeit. »Es war ein großes befreiendes Erlebnis zu sehen, daß wirklich so viele andere Frauen ebenso sind wie man selbst. Man kam in den Club wie ›nach Hause‹, da gehörte man hin.«[6]

Aufgrund ihrer relativ privilegierten Situation als Künstlerin fühlte sie sich verpflichtet, »bei jeder Gelegenheit für die Gleichveranlagten einzutreten«, und so setzte sie sich im November 1974, selbst bereits einundachtzig Jahre alt, mit der befreundeten Kitty Kuse für die Gründung der Gruppe L 74 ein, der ersten Nachkriegsorganisation älterer lesbischer Frauen in Berlin. Gertrude Sandmann gehörte auch zu den gelegentlichen Mitarbeiterinnen der von dieser Gruppe herausgegebenen Zeitschrift, der *UKZ (Unsere Kleine Zeitung)*; ihre Zeichnung »Liebende« zierte jahrelang das Titelblatt dieser Zeitschrift, die im übrigen heute noch erscheint.

Im Oktober 1979 stirbt Tamara Streck an einer Lungenentzündung und einer berufsbedingten Arthritis. Der frühe Tod der wesentlich jüngeren, 1915 geborenen Lebensgefährtin nimmt Gertrude Sandmann, die selbst krebskrank ist, die psychische Kraft zum Weiterleben. Ihre Willensstärke, die ihr so vieles durchzustehen half, ist gebrochen; sie lehnt es ab, sich lebensverlängernden Therapien zu unterziehen. Gertrude Sandmann, die mit ihrer Kunst »mehr Menschlichkeit bewirken« und »Brücken von Mensch zu Mensch« bauen wollte, stirbt im Januar 1981. Ihr künstlerisches Werk, von dem die hier abgebildeten Zeichnungen nur einen allerersten Eindruck vermitteln können, wartet noch auf die ihm gebührende Würdigung.

Anmerkungen

1 Gertrude Sandmann: »Die Situation der Frau als bildende Künstlerin«, in: *Unsere Kleine Zeitung (UKZ)* 2. Jg. 1/1976, S. 25.
2 Gertrude Sandmann in einem Interview mit Cäcilia Rentmeister, Februar 1977. Zit. n. Marcella Schmidt: »Gertrude Sandmann (1893–1981)«, in: *Eldorado. Homosexuelle Frauen und Männer in Berlin 1850–1950*. Berlin 1984, S. 206.
3 Ebd., S. 207.
4 Gertrude Sandmann: »Anfang des lesbischen Zusammenschlusses: die Clubs der zwanziger Jahre«, in: *UKZ* 2. Jg. 7+8/1976, S. 4.
5 »Gertrude Sandmann über Käthe Kollwitz«, in: *Käthe Kollwitz. Briefe der Freundschaft und Begegnungen*. München 1966, S. 158–161.
6 *UKZ* 2. Jg. 7+8/1976, S. 6.

»Ich war dann sehr vorsichtig mit meinen Reden«
Margarete Knittel (1906–1991)

Ob ihr Sohn – und ein Junge sollte es doch werden! – nun Friedrich oder Gerhard heißen sollte, war für Margaretes Eltern Anlaß zu heftigen Diskussionen. Als im September 1906 ein Mädchen zur Welt kam, »waren sie so enttäuscht, daß sie nicht mal einen Namen für mich hatten«, erzählte mir Margarete Knittel amüsiert, als ich die nunmehr Achtzigjährige 1986 in ihrer Wohnung in Berlin-Schöneberg besuchte. Ihre Zuneigung zu Frauen müsse wohl »angeboren« sein, meinte sie, denn sie habe sich schon früh nur für Mädchen interessiert.

Ihre Definition der Homosexualität als einer »angeborenen Naturveranlagung«, die auch von dem Sexualforscher Magnus Hirschfeld propagiert wurde, trug zu einer positiven Identität bei, denn was »angeboren« war, konnte ja nicht schlecht oder verwerflich sein.

Als Einzelkind wächst Margarete Knittel in Berlin-Friedrichshain auf. Bei ihren Streitigkeiten mit der Mutter, die zu Hause den Ton angibt, hält der Vater stets zu seiner Tochter. Von ihm, der als Tischlermeister in einer Firma arbeitet, hat sie auch die Begeisterung für Theater und Oper. Nach dem Abschluß der Handelsschule findet sie schon mit siebzehn Jahren ihren ersten Job. Sie arbeitet zunächst als Stenotypistin, dann als Sachbearbeiterin mit wachsender Kompetenz in einer großen Grundstücksverwaltung – ihr Arbeitsplatz für die nächsten zwanzig Jahre.

Schon in der Tanzstunde erfährt sie, daß es auch Liebe unter Frauen gibt und daß Lokale existieren, in denen nur Frauen verkehren. »Damals war ich entsetzt darüber. Daß ich selbst zu diesen Frauen gehörte, wollte ich mir noch nicht eingestehen«, meinte sie rückblickend. »Ich hatte immer nur davon gehört, daß Liebe und Sex unter Frauen etwas Verwerfliches sei.«

Mit neunzehn Jahren trifft sie bei der Geburtstagsfeier einer Freundin ihre »stille Liebe« aus der Schulzeit wieder, für die sie schon lange aus der Ferne geschwärmt hat. »Lucy und ich verliebten uns ineinander; sie war meine erste große Liebe. Sie hatte schon Erfahrungen in der lesbischen Liebe und verführte mich. Erst dann konnte ich meine Veranlagung akzeptieren und daß wir nun mal anders als die andern sind!« Doch nach zwei Jahren folgt die erste große Enttäuschung: Lucy heiratet.

Über ihre zweite Freundin Else lernt sie *Die Freundin*, die populärste Zeitschrift für lesbische Frauen in der Weimarer Republik, sowie andere Blätter wie *Garçonne* oder *Die Freundschaft* kennen. Schließlich überwindet sie ihre »Schwellenangst« und wagt sich zum ersten Mal in eine der Bars mit lesbischem Publikum, in die Zauberflöte, die von Kati Reinhard geführt wird und sich direkt neben ihrem Büro in der Kommandantenstraße am Spittelmarkt befindet.

»Es war sehr schwer, auch meine Freundin dazu zu bewegen, einmal mit mir in die Zauberflöte zu gehen, denn sie hatte große Angst, daß ihre Schwester beziehungsweise ihre Mutter das erfahren könnten. Prompt trafen wir dort zwei Hausbewohnerinnen von Else, die ebenso bestürzt waren, Bekannte zu treffen. Ich sagte zu Else, ›Die haben genauso Angst wie du, die wollen auch nicht, daß das publik wird‹, und ging zu ihnen hin. Eine der beiden Frauen lebte in Scheidung und befürchtete, schuldig geschieden zu werden, wenn ihr Mann den wahren Scheidungsgrund erfahren würde. Vor uns brauchten sie da natürlich keine Angst zu haben.«

In der Zauberflöte und in anderen Lokalen – etwa der Geisha-Bar in der Augsburger Straße, dem Dorian Gray in der Bülowstraße, der Monokelbar oder dem von den Künstlerinnen bevorzugten Mali und Igel – erlebt Margarete Knittel die homosexuelle Subkultur und ihre Codes, lernt Tänze »nur für die Muttis und solche nur für die Bubis« kennen und trifft dort allmählich immer mehr Bekannte. »Goldene« zwanziger Jahre sind es in der Erinnerung für sie, trotz der galoppierenden Inflation. Margarete Knittel, die Kostüme und kurzgeschnittenes Haar trägt, geht gern tanzen und kommt auch mit lesbischen Schriftstelle-

Margarete Knittel, rechts, mit Freundinnen, um 1930

rinnen wie der ebenfalls in diesem Buch vorgestellten Ruth Margarete Roellig und Mitarbeiterinnen der *Freundin* zusammen.

Mit zweiundzwanzig Jahren zieht sie von zu Hause aus. »Du immer mit deinen Frauen«, stichelt die Mutter, die wohl etwas von der Veranlagung ihrer Tochter ahnt. Sie solle sich lieber einen Mann suchen und heiraten. Vergebens. Manche von Margaretes Freundinnen dagegen – »die waren alle bisexuell, da konnte man nie sicher sein« – gingen später eine Ehe ein. Verständnislosigkeit oder gar Angriffe der Familie machten (und machen auch heute noch) nicht wenigen Frauen das Leben schwer. Auch Käthe, die sie 1930 über ein Inserat in der *Freundin* kennenlernt, ihre Lebensgefährtin für die nächsten acht Jahre, hat leidvolle Erfahrungen gemacht:

»Käthe war vorher mit einer Beamtentochter befreundet gewesen, und deren Eltern sind schließlich dahintergekommen. Der Vater war außer sich, er wollte sie in eine Anstalt stecken. Es hat einen furchtbaren Krach gegeben, aber die beiden haben gesagt, sie bleiben zusammen, lieber würden sie sich das Leben nehmen. Als sie einmal über die Oberbaumbrücke nach Hause gingen, stand plötzlich der Vater hinter ihnen und sagte, ›Ihr wolltet doch ins Wasser gehen, nun springt doch!‹«

Nach 1933 beginnt der Rückzug ins Privatleben. Die meisten der einschlägigen Lokale werden geschlossen, und Margarete Knittels Freundeskreis trifft sich nun häufig in den Privatwohnungen:

»Ich hatte mir vis-à-vis vom Büro, in einer Seitenstraße am Spittelmarkt, eine Wohnung ausbauen lassen und bin erst 1938, nach dem Tod meiner Mutter, wieder mit meinem Vater zusammengezogen. Wir haben uns immer blendend verstanden, er war eine Seele von Mensch. Er hatte seine Freundin, ich hatte meine Freundinnen. Mein Vater hat mich vollkommen akzeptiert, obwohl wir nie darüber gesprochen haben. Ich hatte immer schöne große Zimmer, und dort trafen wir uns dann. Damals gab's ja nur Grammophon und Radio, aber wir hatten Tanzplatten, und es wurde getanzt. Jeder brachte was zu trinken mit, manchmal auch was zu essen, es war ja Krieg, es gab nicht so viel.

Während des Krieges sind wir auch noch in Lokalen gewesen,

aber ich weiß nicht mehr, wo. Unter anderem waren wir mal in einer Tanzschule in Mahlsdorf. Tanzunterricht war ja gestattet. Also hatten wir eine halbe Stunde Unterricht, und nachher konnten wir so tanzen. Aber das ist auch nur einige Male gewesen, dann hat die Inhaberin wohl doch Angst bekommen.

Trotz allem hat sich während des Krieges ein Club gebildet. Ich hatte eine Bekannte, die in dem Nachtlokal St. Pauli als Kapellensängerin auftrat und mich auch mal dorthin einlud. Damals war das Lied *Lili Marleen* populär, das mußte sie sehr oft dort singen. Ein junges Mädchen kam zu uns an den Tisch, und ich sagte, ›Es ist ja nun sehr schwer, sich irgendwo zu treffen.‹ Sie sagte, ›Wir haben einen Club gegründet; wir nennen uns Charlottenburger Ruderclub, und dort treffen wir uns.‹ Es wurden also Vereine mit Tarnnamen gegründet.«

Schon vor dem Ersten Weltkrieg war dies eine erprobte Strategie gewesen, um legale Treffpunkte zu schaffen: 1905 wurde beispielsweise der »Kegelverein« Die goldene Kugel ins Leben gerufen und 1916 der »Sparverein« Kleeblatt.

Auch in der NS-Zeit habe sie wegen ihrer »Veranlagung keinerlei Schwierigkeiten« gehabt, betonte Margarete Knittel öfter; sie sei niemals diskriminiert worden. Dabei hätten alle – sei es am Arbeitsplatz, sei es im Haus – wohl gewußt, daß sie mit Frauen zusammenlebe. »Ich habe allerdings nie direkt darüber gesprochen und mich nie zu erkennen gegeben«, räumt sie andererseits ein. Solche Widersprüche sind keine Seltenheit in ihren Erzählungen. Kompromittierenden Situationen geht sie »instinktiv« aus dem Weg, zudem verändert sie auch ihr Äußeres. In der Öffentlichkeit legt sie auf »Anständigkeit« und Unauffälligkeit großen Wert. »Daß wir uns, wie das heute oft der Fall ist, vor allen Leuten abgeküßt hätten, das haben wir natürlich nicht gemacht. Ich hab meine Haare wachsen lassen und meist Kleider getragen. So streng wie sie heute gekleidet gehen, ist ja damals keiner gegangen.« Daß sie seit 1938 mit ihrem Vater bis zu dessen Tod 1959 zusammenwohnte, wird auch zu ihrem Schutz beigetragen haben. Ein einziges Mal nur sei sie behelligt worden:

»Einmal hat man mich und meine Freundin im Urlaub wegen ›unmoralischem Verhalten‹ rausgeworfen. Die Wirtin hatte ihr

Schlafzimmer neben unserem; entweder hat sie ein Loch in die Wand gebohrt, oder ich weiß nicht! Es war in Hinterzarten im Schwarzwald. Wir kamen von einem Spaziergang ins Hotel zurück und fanden einen Brief vor, ›Bitte verlassen Sie morgen unser Haus.‹ Wir haben gefragt, ›Was haben Sie gegen uns?‹ – ›Sie haben sich unmoralisch verhalten.‹ Auf meine Frage, woher sie das denn wisse, meinte sie, das Mädchen hätte durchs Schlüsselloch geguckt, aber das war so ein großes Zimmer, da hätte sie um die Ecke gucken müssen. Ich sagte, ›Wir gehen, aber wir haben noch drei Tage hier gut und ich verlange von Ihnen, daß Sie mir diese drei Tage erstatten.‹ – ›Sie können wohnen bleiben‹, meinte die Wirtin plötzlich. Doch dann wollte ich nicht mehr.«

Manche von Margarete Knittels Freundinnen und Freunden gehen aus Angst vor Verfolgung Scheinehen ein, eine Reaktion auf die massive Ehe- und Heiratspropaganda der Nazis. Damit versuchten die Machthaber, die Zahl erwünschter Geburten in die Höhe zu treiben, eine wichtige Voraussetzung für ihre kriegerische Eroberungspolitik. Doch auch im repressiven Nachkriegsklima, bei fortdauernder Kriminalisierung homosexueller Männer, waren nicht wenige zum Doppelleben gezwungen.

»Meine zweite Freundin, Else, hat 1937 einen homosexuellen Studienrat geheiratet, Fritz. Der war einmal mit einem Freund in einem Lokal, allerdings nicht dort, wo getanzt wurde, sondern nur vorn an der Bar. Es gab eine Razzia. Er konnte sich rausreden, sie wollten nur ein Glas Bier trinken gehen und seien zufällig in dieses Lokal reingekommen. Die Männer, die hinten im Lokal waren, sind alle mitgenommen worden, aber die beiden konnten nach Hause gehen. In seiner Schule hieß es dann, er solle heiraten, er war inzwischen auch schon vierzig Jahre alt. Er lernte also meine Freundin kennen; damals waren wir allerdings schon nicht mehr liiert. Else wollte nicht, daß ihre Familie es von ihr erfährt, und dann haben die beiden eben geheiratet. Sie hatte eine Freundin, und er hatte Freunde.

Einen Freund von dem Fritz, dessen Eltern zwei Konditoreien hatten, haben sie aus der Backstube verhaftet, nachher aber wieder freigelassen. Er hat dann geheiratet, auch eine Scheinehe. Sie haben sich nach dem Krieg wieder scheiden lassen.

Meine langjährige Freundin Friedel hatte einen Bekannten; ich hab ihn nach der Nazizeit auch kennengelernt. Nach dem Krieg ist er angezeigt worden, hat zwei Jahre Gefängnis bekommen, der Paragraph 175 existierte ja noch. Meine Freundin ist noch als Zeugin aufgetreten, als seine angebliche Verlobte. Als er rauskam, wollte er Friedel heiraten. Friedel wollte auch. Ich habe gesagt, ›Du kannst ihn heiraten, aber zwischen uns ist es dann aus. Ich will keine verheiratete Freundin, ganz egal, ob es 'ne Scheinehe ist oder nicht.‹ Das hat sie dann auch nicht gemacht.«

Nach der Machtübernahme der Nationalsozialisten wird Margarete Knittel bald deutlich, daß Hitler auf einen Krieg zusteuert. Mit ihren Bekannten und Freundinnen – bis auf eine Ärztin meist Sekretärinnen, Prokuristinnen und leitende Angestellte – unterhält sie sich auch über Politik.

»Für uns stand von Anfang an fest, daß es Krieg geben würde. Es begann in dem Moment, wo Hitler die Rüstung forcierte. Er wäre nie an die Macht gekommen, wenn er nicht so von den Rüstungsfirmen finanziert worden wäre. Man brauchte ja bloß ein bißchen nachzudenken, wie es im Ersten Weltkrieg war. ›Wir siegen uns wieder tot, genauso wie 1914/18‹, sagte eine Bekannte von mir. ›Hitler hat die Arbeitslosigkeit beseitigt‹, hieß es immer, aber das hätten die anderen Parteien auch machen können ... Und die Autobahnen? Das waren doch Heerstraßen, damit die Soldaten marschieren konnten! Ich weiß nicht, die Leute, mit denen ich zusammengekommen bin, haben da ziemlich klar gesehen. Andererseits – diese Propaganda war so geschickt gemacht, die Leute sind richtig damit eingewickelt worden.«

Dieser »Hellsichtigkeit« und der ablehnenden Haltung zum Nationalsozialismus folgen allerdings keine persönlichen oder politischen Konsequenzen. Sie habe immer »alles auf sich zukommen lassen«. Als Nichtjüdin entgeht Margarete Knittel rassistischer Verfolgung, und obwohl sie in der Weimarer Republik mit der SPD sympathisierte, hatte sie sich politisch nie exponiert. Wie für die meisten lesbischen Frauen ihrer Generation sind auch ihre Chancen, einer Konfrontation mit dem Regime zu entgehen, recht groß.

Nur manchmal sei sie »mit den Nazis zusammengerasselt«,

zum Beispiel, als sie der mit einem Juden verheirateten Freundin Lucy eine Wohnung vermietet habe oder bei der verordneten Demonstration am 1. Mai nicht mitmarschiert sei. Margarete Knittel schildert, wie die Nazis bei der letzten Reichstagswahl am 12. November 1933, von der die Arbeiter- und bürgerlichen Parteien bereits ausgeschlossen waren, Druck auf die Bevölkerung ausübten, um die Wahlergebnisse zu ihren Gunsten zu beeinflussen. Trotz aller Manipulationen blieben jedoch über zwei Millionen WählerInnen der »Wahl« fern, und mehr als drei Millionen Stimmen wurden gegen die NSDAP abgegeben.

»Ich wollte gar nicht hingehen zur Wahl; plötzlich steht ein Polizist vor der Tür, ›Sie waren noch nicht wählen, kommen Sie mit!‹ Was sollte ich machen? Ich kriegte dort auch noch eine Nummer; ich hab mich aus lauter Angst gar nicht getraut, was andres zu wählen. Ein Kollege meiner damaligen Freundin sagte, daß verschiedene verhaftet worden sind, die anders gewählt haben. Irgendwie hatten sie in ihren Wahlurnen besondere Vorrichtungen; Leute, die verdächtig waren, wurden gekennzeichnet. Später kriegte ich die Aufforderung, an einem Luftschutzkursus teilzunehmen. Ich bin nicht hingegangen und wurde auch wieder mit der Polizei geholt. Aber sonst ist mir nichts passiert. Wir wurden in Ruhe gelassen. Ich war dann aber auch sehr vorsichtig mit meinen Reden.«

Doch so vorsichtig man sich auch verhielt, gegen Denunziationen war man nie gefeit. Ein unbedachtes, ein falsches Wort, und sei es im Freundeskreis, konnte eine Anzeige zur Folge und unabsehbare Konsequenzen für Leib und Leben haben. Ein Klima der Angst – der Angst vor realen oder möglichen Gefahren – vergiftete die Atmosphäre.

»Es war auf einem Geburtstag von meiner Freundin Else; Amerika und Rußland waren schon im Krieg mit Deutschland. Ein Schwager von ihr war da, ein Offizier, und irgend so eine Frau von der NS-Frauenschaft. Wir hatten ein bißchen getrunken, und ich sagte, ›Der Krieg endet für uns mit einer hundertprozentigen militärischen Niederlage.‹ Ein Stich ins Wespennest hätte nicht schlimmer sein können! Gegen wen kämpften wir denn? Wir kämpften doch gegen die mächtigsten Völker der

Erde, gegen Rußland und Amerika, da konnten wir doch gar nicht gewinnen. Die Frauenschaftlerin gleich: ›Ich will das nicht gehört haben!‹ Die beiden Männer raus aus dem Zimmer, und ich dachte, um Gottes willen, was haste da gemacht, aber es hat mich keiner angezeigt.«

Während Margarete Knittel sich von der NSDAP fernhält, wenngleich mit einer überraschenden Begründung, treten zwei ihrer Freundinnen aus unterschiedlichen Motiven der Partei bei. Eine dritte Freundin, die in einer Glühlampenfabrik arbeitet, wird aufgefordert, in die Partei einzutreten; als sie sich weigert, wird sie entlassen.

»Ich war in keiner Parteiorganisation drin. Schließlich hab ich ja jüdisches Kapital verwaltet, da war es doch selbstverständlich, daß ich mich nicht zu den Nazis hingezogen fühlte. Das einzige war, daß ich in den zwanziger Jahren in den Verband für weibliche Angestellte reingehen mußte, und das wurde dann ja von den Nazis in die Deutsche Arbeitsfront übernommen. Ich konnte gar nicht verstehen, daß Menschen sich so beeinflussen lassen! Ich bin einmal um 1930 mit der Straßenbahn am Sportpalast vorbeigefahren, Hitler hatte dort gerade eine seiner ersten Reden gehalten, und lauter Frauen stiegen zu. Sie waren wie berauscht! Ich war entsetzt, wie die von Hitler schwärmten. Ich hatte das Gefühl, das ist eine Massensuggestion.

Eine Freundin, eine Geschäftsfrau, war KPD-Mitglied gewesen. Sie hatte sogar in ihrem Geschäft ein Waffenlager. Sie ist dann, weil sie fürchtete, verhaftet zu werden, in die NSDAP reingegangen. Während des Krieges ist sie einem Bombenangriff zum Opfer gefallen. Eine andere ist in die NSDAP eingetreten, weil sie sich zuerst was davon versprochen hatte. Da war ein jüdisches Geschäft, sozusagen ihre Konkurrenz, und sie sagte sich wohl, wenn das geschlossen würde, um so mehr könne sie dann verdienen.«

Obwohl die Firma, in der Margarete Knittel seit vielen Jahren arbeitet, Schweizer Juden gehört, also Staatsangehörigen eines neutralen Landes, wird sie »arisiert« und schließlich beschlagnahmt. Margarete Knittel verliert ihren Job.

»Der jüdische Aufsichtsrat, ein Rechtsanwalt, mußte dann ausscheiden, und unser Wirtschaftsprüfer wurde als Aufsichtsrat gewählt. Der Direktor mußte auch ausscheiden; der damalige Buchhalter kriegte den Posten. Zwei Arier haben es also übernommen. Die Schweizer Eigentümer blieben noch. Der Wirtschaftsprüfer ging in die Partei, und mein Vorgesetzter ging in das NSKK [Nationalsozialistisches Kraftfahrerkorps], nur weil sie die Firma halten wollten – es waren beides keine Nazis. 1943 wurde das mit einem Mal nicht mehr anerkannt; die Aktiengesellschaft, also diese Geschäftshäuser, wurden zum 1. Januar 1944 beschlagnahmt. Die Privatgrundstücke mußten noch weiter verwaltet werden, aber dann wurden die meisten auch ausgebombt.

Als ich im November 1943 meine Stellung verlor und meine Wohnung ausgebombt wurde, sagte mein früherer Vorgesetzter noch, ›Wollen Sie die ganzen Bombennächte hier erleben?‹ Ich könne doch mit meinem Vater zu meinen Verwandten nach Ostpreußen gehen. Was sollte ich denn da, da kamen die Russen ja zuerst hin, und auf dem Lande hätte ich auch keine Stellung bekommen. Ich hab das durchgestanden, die Bombennächte. Nachts im Luftschutzkeller, und am Tage, als ich die Stellung noch hatte, ins Büro, zu den Häusern laufen; es fuhr ja keine Bahn mehr. Am Tage manchmal auch noch im Luftschutzkeller; ich hab furchtbare Angriffe miterlebt und bin doch mit dem Leben davongekommen.

Nach meiner Entlassung ließ ich mich krankschreiben, weil ich mir sagte, ich will nicht den Krieg verlängern helfen, sie hätten mich ja doch nur in irgendeine Rüstungsfirma gesteckt. Dann war's mir aber doch zu langweilig, und ich hab eine Stelle bei einem Steuerberater angenommen. Zuerst nur halbtags, später mußte ich ganztags arbeiten und bekam vierhundert Mark, das war 'ne ganze Menge Geld.«

In der Endphase des Krieges fährt Margarete Knittel einmal nach Posen, um ihre Freundin zu besuchen. Sie ist entsetzt darüber, wie die polnische Bevölkerung von den Deutschen behandelt wird. Bei diesem Besuch wird ihr die Tragweite der Kriegsverbrechen besonders deutlich.

»Mit meiner letzten Freundin während der Kriegszeit war ich nur anderthalb Jahre befreundet. Sie war beim Arbeitsamt beschäftigt und kam nur am Wochenende nach Berlin. Während des Krieges war ich drei Tage bei ihr in Posen gewesen; wie die Polen dort behandelt wurden, das war eine Katastrophe. Daß überhaupt ein Deutscher lebend da rausgekommen ist! Das erste, was mir dort passierte, war, daß ich mit der Straßenbahn fuhr und die Schaffnerin mich anfuhr, ›Sie haben in den hinteren Wagen einzusteigen.‹ Als ich das meiner Freundin erzählte, sagte sie, ›Ja, du mußt 'n Hakenkreuz tragen.‹ Die Polen mußten in der Straßenbahn hinten einsteigen, sie durften nicht im ersten Wagen fahren. Jede Nacht waren die Schießereien; ich habe gedacht, wenn sich das einmal rächt ... Während des Krieges brachten sie mal in der Wochenschau die Bombardierung von Rotterdam, diese brennenden Häuser. Ich war so erschüttert und habe damals schon gesagt – es war ja nun Anfang des Krieges –, ›So wie diese Häuser brennen, werden unsere Häuser auch einmal brennen‹, und so ist es dann auch gewesen.«

Nach dem Krieg arbeitet Margarete Knittel bis zu ihrer Pensionierung als selbständige Grundstücksverwalterin. Von 1946 bis zu deren Tod 1977 lebt sie mit Friedel zusammen, die ihr Geld als Substitutsleiterin im KaDeWe verdient. Margarete Knittel nimmt regen Anteil an der wiedererwachenden lesbischen Subkultur, die Kati Reinhard, Lotte Hahm und andere, seit den zwanziger Jahren aktive Frauen neu aufbauen.

In der Weimarer Republik sei das Leben jedoch freier gewesen als heute, meinte die Achtzigjährige während einer Veranstaltung, bei der sie jungen Frauen aus ihrem Leben erzählte. »Wir wurden zwar manchmal belächelt, aber immer akzeptiert.« Wird hier, wie nicht selten in Lebensrückblicken, die Jugendzeit verklärt? Und welchen Preis hatte die vermeintliche Akzeptanz? Natürlich habe sie beispielsweise nie ein Verhältnis mit einer Kollegin am Arbeitsplatz gehabt: »Wer sich in eine Kollegin verliebt und deshalb entlassen wird, ist eben selbst schuld.« Selbstzensur, die Vermeidung von Konflikten und das Ausblenden von Diskriminierung verhalfen Margarete Knittel zu einer positiven Identität und waren für sie – und wohl auch für viele andere um die Jahrhundertwende geborene Frauen – in einer repressiven Umwelt überlebenswichtig.

»Hätte ich den Briefträger verpaßt, dann wäre ich in Auschwitz gelandet«
Annette Eick (Jahrgang 1909)

Mit Sappho hatte sich die junge Annette gewiß nicht die schlechteste Ahnherrin gewählt. Deren Gedichte waren es, die der sechzehnjährigen Schülerin klarmachten, daß sie Frauen liebte – und vielleicht auch ihre Passion fürs Gedichteschreiben weckten. Die 1909 geborene Annette Eick besucht eine Privatschule am Savignyplatz in Berlin, wo es unter der Regentschaft einer gestrengen Direktorin und adeliger Lehrerinnen so zugeht wie in *Mädchen in Uniform* – einem Bühnenstück, in dem Christa Winsloe ihre Erlebnisse in einem Potsdamer Mädchenpensionat verarbeitet hat und in dem sie den preußischen Militarismus und das autoritäre Schulsystem anklagt, das Intoleranz und Unmenschlichkeit hervorbringt. Wie in dem Theaterstück hat nur eine Lehrerin, die charmante Erika von Hörsten, Verständnis für die Schülerinnen und wird zum Schwarm aller Mädchen. Annette Eick verliebt sich in ihre anziehende Lehrerin. Erika von Hörsten bringt ihr nicht nur die griechische Literatur und die Gedichte Sapphos nahe – für die junge Schülerin ein identitätsstiftendes, wichtiges Ereignis –, auch sonst spielt sie in Annettes Leben eine besondere Rolle.

»Es war eine romantische Angelegenheit zwischen Erika und mir. Einmal habe ich ihr eine Platte geschenkt mit einem Schlager, der damals gesungen wurde, ›Dein Mund sagt nein, doch deine Augen sagen ja. Geliebte Frau, ich werd dich heut noch küssen.‹ Sie lachte und fragte, ob ich das auf sie gemünzt hätte? Von ihr habe ich den ersten wirklichen Kuß gekriegt, und den hab ich nie vergessen. Das war nach dem Abitur. Einmal ist sie mit der Klasse einer andern Schule auf eine Skitour geschickt worden, und ich durfte mitkommen. Ich hatte gelogen, ich habe gesagt, ich kann Ski laufen, konnte es aber noch nicht. Ich bin

Annette Eick, links, mit Gertrud Klingel

Annette Eick, 1992

dauernd hingefallen! Da hat es sich zum ersten Mal abgespielt. Ich glaube, es war Silvester, man hat getrunken, man hat getanzt, im Skianzug, es war alles wunderschön. Die andern Mädels waren etwas jünger als ich; wir waren alle ein bißchen angeheitert vom Wein, ich war total verdreht. Ich konnte es kaum noch ertragen, ich habe zu Erika gesagt, ›Ich geh jetzt schlafen, ich bin müde.‹ Es war nicht wahr, aber ich bin raufgegangen ins Zimmer und habe mich hingelegt. Aber ich hatte das starke Gefühl, sie kommt auch nach, und ich ließ deshalb die Tür auf. Sie kam, und wir umarmten und küßten uns fürchterlich. Am nächsten Morgen war ich sehr, wie soll ich sagen, geschockt über mich selber, denn die Initiative war von mir ausgegangen. Da wollte ich mich entschuldigen gehen, klopfte an ihr Zimmer, kam rein, und sie fragte mich, ob ich in ihr Bett kommen wollte! Ich sagte ›nein‹ und ging raus. Mittags hab ich sie nicht gesehen. Ich fragte die Mädels, ›Wo ist denn Erika?‹ – ›Weißt du denn das nicht? Die ist nach Hause gefahren.‹ Wir haben uns dann lange nicht mehr gesehen. Später sind wir wieder zusammengekommen, als ich meine Freundin Francis hatte. Ich suchte sie wieder auf und erzählte ihr von Francis. Ihre erste Frage war, ›Ist sie auch so intellektuell wie ich?‹«

Bereits als Schulmädchen hatte Annette Eick eine Beobachtung gemacht, die sie ihr Leben lang nicht vergessen sollte und die dazu beiträgt, daß sie wie viele ihrer ZeitgenossInnen Homosexualität – »eine Variation der Natur« – in erster Linie für angeboren hält.

»Mit ungefähr acht Jahren sagte eine Schulfreundin auf unserem Heimweg von der Schule zu mir, sie wolle mir mal was Ulkiges zeigen. Sie führte mich zu einem Lokal, das sich Verona-Diele nannte, und sagte zu mir, ›Kuck da mal rein, da wirste dich gut amüsieren.‹ Ich sah, wie Frauen zusammen tanzten, Männer zusammen tanzten, manchmal saß eine Frau auf dem Schoß bei einer andern Frau, und ich wußte nicht, was ich davon halten sollte. Ich kam heraus, vor die Tür, und meine Freundin erwartete, daß ich mich totlachte. Ich war aber todernst, und obgleich ich damals *nichts* davon verstand, hatte ich das Gefühl, da ist irgendwas mein Schicksal. Dieses Bild habe ich durch mein ganzes Leben im Gedächtnis behalten. Mit zehn Jahren haben wir dann in der Schule einen Aufsatz darüber geschrieben, wie wir uns unser späteres Leben vorstellen, und ich schrieb: ›Ich möchte mit einer älteren Freundin auf dem Lande wohnen, viele Tiere haben, ich will nicht heiraten, will auch keine Kinder haben, aber ich werde schreiben.‹«

In der Tat sollten einige dieser Wünsche in Erfüllung gehen – wenn auch anders als erwartet. Bei meinem Besuch 1992 in der kleinen Hafenstadt Brixham an der englischen »Riviera«, wo Annette Eick seit fast dreißig Jahren zu Hause ist, erinnert sich die englische Staatsbürgerin an längst vergangene Berliner Zeiten. Als Kind einer assimilierten jüdischen Familie verlebt sie eine behütete Kindheit und Jugend. Annette liebt besonders die Sommermonate, die sie mit ihrem jüngeren Bruder Horst, anderen Verwandten und Freundinnen im Sommerhäuschen der Familie am Müggelsee verbringt. Ihre Eltern, die ein gutgehendes Möbelgeschäft in Charlottenburg führen, sind sogenannte »Jom-Kippur-Juden«, das heißt, sie gehen nur an den hohen jüdischen Feiertagen in die Synagoge.

Mit ungefähr neunzehn Jahren besucht sie zum ersten Mal »aus Neugier und mit großer Angst« einen Club im Norden Berlins, der von der burschikosen Lotte Hahm geleitet wird und dessen Adresse sie in einer einschlägigen Zeitschrift gefunden hat.

»Der Club war im Norden, im proletarischen Teil Berlins, in dem die jungenhaften Mädchen in ihrem Sonntagsbest hinkamen, das heißt in einem Smokingkostüm mit einer Krawatte und dergleichen. Obwohl mir mein Vetter, der fünf Jahre älter und mein bester Freund war, schon früh gesagt hatte, daß ich zu Frauen neige, war doch alles sehr neu für mich. Ich wußte ja noch nicht, wie das sein wird. Aber ich hatte bereits das Bedürfnis, mit ihnen zusammenzusein. In diesem Club lernte ich eine Frau kennen, Ditt, die ein bißchen wie Marlene Dietrich aussah, die mir als Typ sehr gefiel, auch wenn sie etwas vulgär war. Ich habe sie die ganzen Jahre hindurch ab und zu getroffen. Sie hatte einen enormen *sex appeal*, war sehr reizvoll. Sie hat mich verführt. Sie gab mir Schwedenpunsch zu trinken, ich war betrunken und kam zu spät nach Hause. Mein Vater war noch auf, und da kriegte ich die erste Ohrfeige von ihm. Meine Eltern haben sich natürlich geängstigt, wo ich so lange blieb.

Später fand ich heraus, daß es noch andere Clubs gab, zum Beispiel Jolly Joker im Westen Berlins, wo ich lebte und wohnte, in dem mehr Snobismus herrschte. Es kamen dort Schauspieler und Schriftsteller hin, und ich war ein *nothing* und etwas ängstlich und gehemmt. *Well*, es war interessant, aber auch da fühlte ich mich nicht hundertprozentig wohl, bis ich in der Nähe des Gleisdreiecks eine Kneipe entdeckte, das Dorian Gray, und hinter der Kneipe befand sich ein Club. In diesem Club in der Bülowstraße, im Monbijou, war es absolut angenehm, freundlich. Im hinteren Zimmer stand ein Klavier, man konnte tanzen, konnte sich unterhalten. Ich traf dort mehrere Schriftstellerinnen, Irmela Linberg zum Beispiel, und schloß Freundschaften mit jungen Mädels in meinem Alter. Eine davon hatte ein Boot, wir gingen raus auf die Seen und schliefen draußen in Zelten. Es war ein herrliches Leben.«

Das Dorian Gray, eines der ältesten Frauenlokale Berlins, ist Treffpunkt des Damenclubs Monbijou, der 1928 gegründet wurde und kulturelle Veranstaltungen, aber auch viele gemeinsame Unternehmungen organisierte. Hier beteiligt sich Annette Eick an Lesungen. Im Dorian Gray treffen sich auch die Leserinnen und Mitarbeiterinnen der *Frauenliebe*, einer Zeitschrift von und für lesbische Frauen, die ab 1926 erscheint (ab 1930 unter dem Titel *Garçonne)*. Die *Frauenliebe* ist zugleich Wochenschrift des Deutschen Freundschaftsverbands, einer Homosexuellenorganisation, der auch der Damenclub Monbijou angehörte. Die kunst- und kulturbegeisterte junge Annette, die »schon immer schreiben wollte«, verfaßt Gedichte und kleine Geschichten für die *Frauenliebe*, denkt 1930 etwa in einem Artikel darüber nach, »Was Frauen den Weg zum eigenen Geschlecht finden läßt«, schreibt aber auch gelegentlich Buchbesprechungen oder Filmkritiken für andere Zeitungen, beispielsweise die *Berliner Zeitung*. Sie arbeitet als Kindermädchen, und da sie noch bei ihren Eltern wohnt, kommt sie mit wenig Geld aus.

Das Verhältnis zu den Eltern sei relativ unproblematisch gewesen. Sie habe zwar mit ihnen nicht direkt über ihr Lesbischsein gesprochen, aber ihre Freundinnen alle nach Haus bringen können.»Was sich meine Eltern gedacht haben? Meine Mutter wußte es wohl *all the time*. Mein Vater war naiv, hat es gar nicht gemerkt. Erst nachher, als Francis kam und ich von zu Hause wegging, fing er an zu begreifen, was mit mir los ist, und war sehr unglücklich. Eine Zeitlang bin ich dann auch nicht nach Hause gegangen.«

Der sorglosen Zeit wird bald nach der Machtübernahme der Nationalsozialisten ein Ende bereitet. Grund für die zunehmende Bedrohung und Verfolgung sollte in den kommenden Jahren ihre jüdische Herkunft sein, nicht aber die lesbische Identität. Im Gegensatz zu der beim Standesamt registrierten Religionszugehörigkeit ließ sie sich viel eher verbergen, was auch andere lesbische Jüdinnen, darunter die ebenfalls in diesem Buch portraitierte Malerin Gertrude Sandmann, erfahren mußten. Wie aus den in der Einleitung genannten Gründen hervorgeht, hielten es die Nationalsozialisten auch nicht für notwendig, die lesbische Orientierung ebenso zu kriminalisieren, wie sie dies bei homosexuellen Männern taten.

Annette Eicks Eltern wird nach und nach die wirtschaftliche Existenz zerstört. Ihr Geschäft wird zunächst boykottiert und nach dem Pogrom 1938 enteignet. Sie selbst kann sich ihren Wunsch, Journalistin zu werden, nun nicht mehr erfüllen. Sie arbeitet statt dessen als Kinderbetreuerin in einem privaten Haushalt. Obwohl sie »ganz unpolitisch« gewesen sei, habe sie dennoch bereits früh geahnt, daß es für sie als Jüdin in Deutschland gefährlich werden könne. Auch wenn sie immer wieder betont, daß es ja erst nach 1938 »richtig schlimm« geworden sei und sie sich an *persönliche* antisemitische Anfeindungen nicht erinnert. Dies habe vielleicht auch daran gelegen, räumt sie ein, daß ihr Äußeres nicht dem nationalsozialistischen Stereotyp von »der Jüdin« entsprach.

Sie erkundigt sich nach den Möglichkeiten einer Auswanderung und schreibt an ihre inzwischen in London lebende Freundin Ditt, ob es ihr möglich sei, eine Einreiseerlaubnis zu besorgen. Doch ihr Brief bleibt unbeantwortet, und sie hat die Hoffnung, nach England zu gelangen, fast aufgegeben.

Zu einer einschneidenden Erfahrung sollte ihre Liebesbeziehung mit Francis, einer Amerikanerin aus Chicago, werden. Die um 1900 geborene Tochter eines Komponisten war urprünglich nach Deutschland gekommen, um im Schwarzwald eine Lungentuberkulose auszukurieren. Danach zog es sie nach Berlin, wo sie Englisch unterrichtete und Magnus Hirschfelds Institut für Sexualwissenschaft besuchte. Mitte der dreißiger Jahre lernen sich die beiden Frauen kennen.

»Als ich einmal im Krankenhaus lag, kam Francis, um jemand anderen zu besuchen. Wir hatten uns nur einmal vorher gesehen. Als sie hörte, daß ich auch da liege, kam sie und besuchte mich. Auf einer Seite des Bettes saß meine Mutter, auf der andern Seite saß Francis. Und ich war so aufgeregt, fühlte so stark für sie! Das muß auf sie übergegangen sein. Sie sah kolossal ›männlich‹ aus. Damals hat mich das gereizt, heute nicht mehr. Manche haben so ein brüskes Auftreten, aber ich mag keine Übertreibungen. Ich mag eine etwas maskuline Frau lieber als eine sehr weibliche; so etwas Püppchenartiges kann ich nicht ausstehen. Dann ging es allmählich los zwischen mir und Francis, aber es fing schon mit einer Lüge von ihr an. Sie besuchte mich mit einem großen Strauß roter Rosen, der aber eigentlich für die bestimmt gewesen war, die sie nicht angetroffen hatte.«

Annette Eick bezieht mit Francis eine gemeinsame Wohnung in der Spichernstraße. Ihr Leben spielt sich nun, neben ihrem Job als Kindermädchen, hauptsächlich im Privaten ab. Francis studiert nebenbei Psychologie, interessiert sich besonders für C. G. Jung und wird selbst nach Jung analysiert.

»Leider wußte ich damals noch nicht, daß Francis, die höchst intellektuell und sehr begabt war, mir nicht die Wahrheit über ihr Studium und ihre Analyse gesagt hatte. Sie litt nämlich an Paranoia und war schizophren. Es hat sich erst nach einigen Jahren herausgestellt, und dies hat mein Schicksal entschieden. Francis hatte mir versprochen, daß sie mich mit nach Amerika nimmt; ich hatte deswegen schon ihrer Schwester und ihrer Mutter geschrieben. Später kam es dazu, daß sie in einem Anfall von Schizophrenie mit einem Messer auf mich losging – zum Glück haben wir parterre gewohnt, ich konnte aus dem Fenster springen. Bin zu ihrem Psychoanalytiker gegangen, der sagte, ›Wußten Sie nicht, daß sie so krank ist? Um Gottes willen, gehen Sie weg von ihr.‹ Ich war wütend, ich wußte ja noch nichts von diesen Krankheitserscheinungen und fing erst langsam an zu begreifen, was los ist. Ich sagte zu ihm, ›Würden Sie von Ihrer Frau weggehen, wenn sie krank ist?‹ Ich war sehr verzweifelt.

Francis hatte auch noch eine andere Freundin gehabt; sie ging von einer zur andern, das war ihre Krankheit, sie wußte ja nicht, was sie tat. Diese Menschen sind wirklich gespalten, sie können so normal und intelligent sein, und plötzlich kommt's zum Ausbruch. Ich habe dann von ihr selbst gehört, daß sie mit einer andern Frau bereits zusammen ist, der sie auch versprochen hat, sie mit nach Amerika zu nehmen. Sie ist wohl, als der Krieg ausbrach, zurückgegangen, aber ob mit jemandem? Ich weiß nicht, das hat mich nicht mehr interessiert, ich wollte sie nicht mehr sehen.«

Annette Eick hat einen Nervenzusammenbruch, kommt aber durch die Unterstützung ihrer Eltern bald wieder auf die Beine. »Einerseits war es gut, daß ich mit Francis auseinanderging, weil ich mich dann für die Auswanderung entschied. Zu dieser Zeit fand bereits Hitler-*atrocity* statt; schon lange vor dem Krieg wurden einige Leute, auch meine Großmutter, in die *camps* geschickt.« Nach der Trennung von Francis schließt sie sich der jüdischen Jugendbewegung an, die sich als Reaktion auf die zunehmende Ausgrenzung aus der deutschen »Volksgemeinschaft« gegründet hatte, und besucht auch die Veranstaltungen und Konzerte des Jüdischen Kulturbundes. Sie entscheidet sich, nach Palästina auszuwandern, wohin bereits eine Tante emigriert war. Angesichts der restriktiven Asylpolitik fast aller Länder waren auch viele NichtzionistInnen gezwungen, Palästina als Zufluchtsort zu wählen – bis die englische Regierung, unter deren Mandat Palästina damals stand, ab 1939 die Einreise drastisch drosselte und schließlich ganz stoppte.

Um sich auf die spezifischen Lebens- und Arbeitsbedingungen in Palästina beruflich und sprachlich vorzubereiten, geht sie nach Havelberg, einem kleinen Ort etwa achtzig Kilometer nordwestlich von Berlin. Dort befand sich eine von mehreren sogenannten Hachschara-Farmen in Deutschland, wo junge Leute landwirtschaftliches und handwerkliches Arbeiten lernten. Diese »Ertüchtigung«, hebräisch *Hachschara*, war für Jugendliche Vorbedingung, um eines der raren Einreisezertifikate der englischen Regierung zu erhalten. Die Pogromnacht im November 1938 – in Berlin wird das elterliche Geschäft zerstört – wird auch Annette Eick in Havelberg fast zum Verhängnis.

»Plötzlich erschien mitten in der Nacht ein *van*, ein großer Wagen. Wer sie waren, wußten wir nicht, in jedem Falle Nazis, die uns überfielen, die Häuser zerstörten, auch Feuer machten. Wir mußten uns alle in eine Reihe stellen. Es waren zwei Kinder dabei, ein kleiner Junge, der nicht verstand, was los war. Er ging zu den Nazis hin, fragte etwas und kriegte einen Stiefeltritt in den Magen, daß er rückwärts fiel. Wir standen in einer Reihe, Hand in Hand, wir hatten keine Angst, wir waren wütend, und wurden dann alle auf diesen Wagen geladen. Wir wußten nicht, wohin es ging. Wir kamen ins Polizeigefängnis in Havelberg, in ein mittelgroßes Zimmer, in dem wir kaum Platz hatten, um auf der Erde zu liegen, wir konnten gerade mal sitzen. Schutzhaft nannte sich das! Wir hatten nichts zu essen, und wir wußten nicht, ob wir von dort aus nicht weiter ins *camp* kamen. Die meisten Deutschen standen hinter Hitler, aber ich kann nicht alle verurteilen, ich will nicht verallgemeinern. Es gab auch andere, die keine Nazis waren, und sie haben eigentlich unser Leben gerettet. Die Frau des Polizisten kam und gab uns Decken und etwas zu essen.

Etwas Schreckliches passierte: Die Frau unseres Leiters war auf der Farm geblieben und stand vor der Entbindung. Das Kind blieb im Bauch, sie hat furchtbar gelitten und ist daran gestorben. Der Mann war bei uns, konnte nicht raus, kein Mensch durfte zurückgehen. Kurzum, nach ungefähr zwei oder drei Tagen fanden wir heraus, daß die Frau des Polizisten mit Absicht die Tür offengelassen hatte. Wir rannten weg, wir entkamen. Manche von den Jungs flüchteten in die Wälder, ich ging zurück zur Farm. Alles war zerstört, die Bettfedern flogen herum, mein Fotoapparat war weg und so weiter. Was ich zum Glück in den

Glasscherben fand, war mein *passport*. Ich hatte ein Rad dort und dachte, ›Was bleibt mir übrig, ich fahre zu meinen Eltern nach Berlin zurück.‹ Da kam mir auf der anderen Straßenseite der Postbote entgegen, ebenfalls auf dem Rad. Er hielt mich an und sagte, ›Frollein, warten Sie mal, ich hab einen Liebesbrief für Sie.‹ Jetzt kommt das Mirakel. Ich dachte, woher krieg ich einen Brief? Ich nahm den Brief, öffnete ihn – es war die Einreiseerlaubnis für England, die mir Ditt besorgt hatte! Ist das nicht merkwürdig? Hätte ich den Briefträger verpaßt, dann wäre ich genau wie meine Eltern und fast alle meine Verwandten in Auschwitz gelandet. Die sind alle umgekommen.«

Und noch ein zweites Mal hat sie Glück im Unglück. Mit ihrem abgelaufenen Paß geht sie zur Polizei. Ein alter preußischer Beamter, der ahnt, daß sie auf der Flucht ist, verlängert ihr illegal den Paß und ermöglicht ihr damit die Ausreise aus Deutschland. Nach einer Nacht bei den Eltern in Berlin bekommt sie von der Jüdischen Gemeinde eine Schiffskarte nach England. Noch einmal beschwört sie die Eltern, sich ebenfalls um die Auswanderung zu bemühen – aufgrund der zahlreichen Restriktionen eine immer schwierigere Angelegenheit.

»Aber die Leute, die schon etwas älter waren, haben nicht daran geglaubt, daß es so arg werden kann. So bin ich dann mit meinen paar Sachen vom Bahnhof Zoo abgefahren; ich konnte ja nicht viel mitnehmen. Das Schlimme war natürlich, daß ich meine Eltern auf dem Bahnsteig winken sah, als der Zug wegfuhr, und wußte, ich werde sie nie wiedersehen. Und so fuhr ich raus, dem neuen Jahr entgegen.« Hinter diesen lakonischen Sätzen wird wohl der Schmerz und die Trauer über die gewaltsame Trennung von den Eltern spürbar, für die es keine angemessenen Worte gibt.

Mit den erlaubten zehn Mark – mehr durfte nicht ausgeführt werden – trifft Annette Eick in London, Victoria Station, ein. Mutterseelenallein wartet sie auf Ditt. Über eine englische Freundin, die eine Agentur für Haushaltsangestellte betreibt, hatte ihr Ditt das rettende *domestic permit* besorgt. Dabei handelte es sich um eine Einreiseerlaubnis, die nur eine Tätigkeit als Hausangestellte erlaubte. Sonst herrschte bis Kriegsbeginn ein

Arbeitsverbot für die *emigrés*, und meistens erteilte England lediglich Transitvisen.

»Da Ditt mein Telegramm offenbar nicht bekommen hatte, nahm ich mir ein Taxi und hatte nun keinen Penny mehr. Jetzt stand ich vor Ditts Haus, keiner öffnete die Tür, es war eiskalt, es war ja mitten im Winter. Endlich sah ich einen Polizisten, er fragte mich, was ich suche. In meinem besten und schlechtesten Englisch versuchte ich ihm alles zu erklären. Er verstand und brachte mich zur Heilsarmee. Dort schlief ich, es war eiskalt, aber die Leute waren sehr nett. Am nächsten Morgen gab ich ihnen die Telefonnummer von der Agentur für *domestics*, wo Ditt zu erreichen war; wir trafen uns, und dann fing ich gleich meine erste neue Stelle an. Das war fürchterlich, denn diese Leute waren Nazis. Ihre erste Frage war, ob ich Hitler gesehen oder getroffen hätte? Ich sagte, ›Gott sei Dank nicht, aber ich habe seine Stimme gehört‹, und ich sprach natürlich schlecht über Hitler. Sie wollten meinen *passport* sehen; als sie merkten, daß ich Jüdin bin, waren sie *terrible* zu mir. Ich nahm mein Gepäck und ging nicht wieder zu ihnen zurück, habe die Nacht im Park geschlafen, bei eiskaltem Wetter. In der Agentur gaben sie mir dann eine andere Stelle. Die ersten zwei Stellen, die ich hatte, waren nicht direkt schlecht, aber es war für mich alles sehr neu, und mein Englisch war noch nicht gut.«

In der folgenden Zeit arbeitet Annette Eick als Hausangestellte, Kindermädchen und Erzieherin bei verschiedenen Familien in London, aber auch in Cambridge, wohin ihre »Bosse« vor den deutschen Luftangriffen geflüchtet sind. Es gelingt ihr mit der Zeit, Stellen bei Intellektuellen und KünstlerInnen zu finden, wo sie nur gute Erfahrungen macht. Ihre Freizeit verbringt sie in Emigrantenkreisen, und sie ist häufig zu Gast bei den Veranstaltungen im Freien Deutschen Kulturbund (FDKB), dem im Dezember 1938 gegründeten kulturellen Zentrum der deutschen Emigration. Im FDKB lernt sie auch Toni Benario kennen, die ebenfalls aus Berlin geflüchtet ist. Ihre Freundschaft hält bis zum Tod der dreißig Jahre älteren Frau 1944.

Nach Kriegsbeginn werden die meisten der rund 75 000 *refugees* aus Deutschland als »feindliche Ausländer« betrachtet, und etwa 15 000 von ihnen werden nach willkürlichen Kriterien vorübergehend interniert, da der englische Staat Spionageaktionen befürchtet. In England droht den internierten EmigrantInnen allerdings nicht, an Nazi-Deutschland ausgeliefert zu werden, wie in Frankreich oder der Schweiz. Annette Eick hat Glück: Sie wird nicht interniert, sondern muß sich lediglich bei jedem Wohnungs- und Stellenwechsel bei der Polizei melden. Vom Sommer 1940 an wird England von der deutschen Luftwaffe bombardiert; einmal kommt sie selbst nur knapp mit dem Leben davon, ein anderes Mal rettet sie das Baby ihrer »Herrschaften« nur um Haaresbreite.

»Alles, was ich zu dieser Zeit besaß, war ein *Second-hand*-Schreibtisch, eine Katze und ein Fahrrad. Diese Katze, die ich sehr liebte und die sehr klug war, schlief neben mir auf meinem Bett, und plötzlich sprang sie auf und rannte aus dem Zimmer in den Kohlenkeller. Instinktiv rannte ich der Katze nach. Eine Bombe war sehr nah an unserem Haus heruntergegangen. Mein Bett stand hinter einem englischen Ofen, der mit einer dicken Marmorplatte zugedeckt war, und die fiel aufs Bett – wäre ich liegengeblieben, wär ich erschlagen worden.«

Wie viele andere EmigrantInnen kann auch sie ihren Berufswünschen – etwa Philosophie und Psychologie zu studieren und schriftstellerisch zu arbeiten – schon aus finanziellen und sprachlichen Gründen nicht nachgehen. Gelegentlich trägt sie eigene, auf deutsch verfaßte Gedichte vor, so im 1934 gegründeten PEN-Club deutschsprachiger Autoren im Ausland und im Club 1943, einer Sektion des FDKB. Es ist eine Auszeichnung für sie, neben so prominenten SchriftstellerInnen wie etwa Thomas und Erika Mann und Gabriele Tergit zu Wort zu kommen. Begegnungen mit bedeutenden KünstlerInnen und das kulturelle Angebot lassen die Londoner Jahre, selbst während des Krieges, zur »erlebnisreichsten Zeit« ihres Lebens werden.

1944 lernt sie in London Joy, eine Sekretärin, kennen. Wie so manches andere Mal in ihrem Leben spielt hier der Zufall eine Rolle, aber auch Annette Eicks Bereitschaft, sich auf neue Situationen und Menschen einzulassen.

»Während des Krieges wurden sogenannte *British restaurants* eröffnet, wo wir mit unseren Lebensmittelkarten essen konnten. In Hampstead, wo wir lebten und was sehr kosmopolitisch ist, war so ein *British restaurant* von deutschen jüdischen Mädchen aufgemacht worden. Die kochten von den wenigen Sachen wunderbare Essen, und so kamen auch Engländer hin. Da lernte ich enorm viele Leute kennen, unter anderem auch Joy. Das war eine ganz komische Sache. Als Joy das Restaurant betrat, sagte meine Freundin Hortense aus Versehen ganz laut, ›Annette, your type is coming.‹ Alle starrten mich und Joy an! Es war zwar wahr, aber ich muß so rot geworden sein wie sonst was! Wir lachten dann, und Joy kam zu mir. Lachte und kam mit zu mir nach Hause. Ich hatte da ein schreckliches, ein ganz kleines Zimmer. Ich konnte ja nicht mehr bezahlen, hab noch Geld an meine Eltern in Deutschland geschickt. Ich habe nur eine Halbtagsstelle gehabt als *private nurse* bei einer schwerkranken Frau, die dann bald gestorben ist. Ich fragte Joy, ob sie mit raufkommen will, eine Tasse Kaffee trinken? Wir schliefen die erste Nacht zusammen und lebten dann fünf Jahre zusammen. Allerdings nicht bei mir. Sie hatte woanders ein großes Zimmer, wo ich dann auch hinzog.«

Mit Kriegsende hören die deutschen Luftangriffe endlich auf. Doch gleichzeitig bestätigt sich, was sie schon länger geahnt und befürchtet hatte: Daß ihre Eltern und viele andere Familienangehörige in Auschwitz ermordet wurden. Allein der mit einem Kindertransport nach Dänemark entkommene Bruder hatte in Schweden überlebt. Eine dauerhafte Rückkehr nach Deutschland kommt für Annette Eick nicht in Frage, auch wenn sie ein paarmal nach Deutschland fährt und ihre ehemalige Lehrerin besucht.

1949, nachdem sich Joy von ihr getrennt hat, lernt sie über eine gemeinsame Freundin Gertrud Klingel, genannt Trud, kennen. Über ähnliche Interessen, insbesondere an C. G. Jung, kommen sich Annette Eick und die acht Jahre ältere Frau näher. Langsam entsteht eine Liebesbeziehung zwischen ihnen.

»Es war wirklich Glückssache, daß ich Trud traf. Trud war eigentlich gar nicht mein Typ und ich nicht ihrer. Sie *wurde* aber nachher mein Typ. Durch Freundschaft ist es eine wirklich enge emotionale Beziehung geworden. Sie war ein starker Charakter, sehr anständig, hundertprozentig glaubwürdig und zuverlässig. Wir haben uns zwar manchmal gezankt, aber Auseinandersetzungen sind normal, das kommt in den besten Ehen vor.«

Trud, eine nichtjüdische Deutsche aus dem Rheinland, hatte schon in den frühen dreißiger Jahren in England gelebt. Nachdem sie lange Jahre als Sekretärin bei der Deutschen Reichsbank gearbeitet hatte, war sie nach Kriegsende nach England zurückgekommen.

Annette Eick verschafft der Freundin eine Stelle als Sachbearbeiterin im *restitution-office*, einem Büro, das Anträge von Shoa-Überlebenden auf finanzielle Entschädigung bearbeitete. Ihre Pläne, gemeinsam nach Israel zu gehen und dort eine Hühnerfarm zu betreiben, lassen sich nicht verwirklichen. Statt dessen entschließen sie sich auf einer Reise in den Südwesten Englands, wo Annette Eick sich von einer Unterleibsoperation erholt, London zu verlassen. In Brixham in der Grafschaft Devon finden sie ein Haus und ziehen dort 1964, nach Truds Pensionierung, ein. Für Annette Eick die Chance, endlich selbständig zu arbeiten: Sie gründet eine Kindertagesstätte im eigenen Haus, die sie elf Jahre lang leitet. Eine Arbeit, die ihr Freude macht, ihr aber für ihr liebstes Hobby, das Schreiben, nur wenig Zeit läßt. Trotzdem nimmt sie an Literatur-Workshops teil und veröffentlicht 1984 ihren ersten eigenen Gedichtband, *Immortal Muse*. Nach einem Nervenzusammenbruch, einer Reaktion auf die Verfolgung in Deutschland und die Trennung von Joy, hatte sie angefangen, Gedichte auf englisch zu schreiben – ein Versuch, die Vergangenheit schreibend zu bewältigen. Gedichte, die um philosophische und ernste Themen wie Einsamkeit, Altern und Tod kreisen, aber auch heitere Beobachtungen, etwa über eine übergewichtige Katze. »Thoughts of an Elderly Lesbian« ist das folgende Gedicht aus *Immortal Muse* eindeutig überschrieben – was dazu führte, daß das Buch aus der Ortsbibliothek entfernt wurde. »In welchem Jahrhundert leben wir eigentlich?« empört sich Annette Eick zu Recht. Nur dieses eine Mal sei sie wegen ihres Lesbischseins diskriminiert worden.

Thoughts of an Elderly Lesbian[1]

Now I am old enough
or perhaps wise?
To love you little Ariels in disguise,
You twiggish Imps and Pucks
In fringy, straight
or unkempt hair,
In jeans and trousers
Racing without care
Through busy streets of many foreign lands,
With boisterous, childlike show off and pretence,
Refuse to know of any danger sign
Though quite prepared to pay one day the fine.

And right you are
To drive on without fuss
You living 'L'earners
Leave the past with us.

Als Trud an Alzheimer erkrankt, beginnt für Annette Eick eine der schwersten Prüfungen ihres Lebens. Monatelang pflegt sie die zunehmend verwirrter und teilweise auch gewalttätig werdende Freundin, zunächst zu Hause, später in Krankenhäusern. Im April 1989 stirbt Trud und läßt die Lebensgefährtin nach vierzig gemeinsamen Jahren völlig erschöpft und allein zurück. Der kleine Ort, in dem sie lebt, bietet wenig Abwechslung.

Früher habe sie immer Freundinnen gefunden, ohne zu suchen. »Heute kann ich noch so lange suchen, heute bin ich zu alt. Wenn man jünger ist, ist das viel leichter.« Ein wenig bereut sie es, nicht früher, bei besserer Gesundheit, nach London zurückgekehrt zu sein, wo noch einige ihrer Freundinnen leben. Ob sie sich in England heimisch fühle, frage ich sie zum Schluß meines Besuches und bekomme als Antwort einen Vers mit auf den Weg.

»Die englische Mentalität ist mir heute vertrauter, die deutsche ist mir fremder geworden, aber hundertprozentig ist man doch mit der alten deutschen Kultur verwandt. Viele Dinge gefallen mir nicht an den Engländern, und manchmal sage ich's ihnen auch direkt ins Gesicht. Wenn Sie hier jemand treffen, wollen sie sofort wissen: ›Where are you coming from?‹ – ›From my mother's womb‹, aus dem Bauch meiner Mutter, hat eine deutsche Freundin von mir einmal auf diese Frage geantwortet. Die Engländer denken, wenn man mit Akzent spricht, kann man kein Englisch schreiben.«

Heimat

Heimat sind Menschen
die man nicht vergißt
und manchmal einer
der das Beste gibt
tiefstes Verstehen.

Anmerkung

1 Gedanken einer älteren Lesbierin

Jetzt bin ich alt genug
oder vielleicht gar weise?
Euch zu lieben, ihr verkleideten Ariels
Ihr zarten Kobolde und Geister
Mit eurem zottig-zerzausten
oder glatten Haar
In Jeans oder weiten Hosen
Rast ihr ohne Acht
Durch belebte Straßen vieler fremder Länder
Blast euch auf in kindischer Angeberei
Wollt nichts wissen von Gefahren
Doch den Preis seid ihr bereit zu zahlen.

Recht habt ihr
Weiter zu rasen, ohne lang zu zögern
Ihr lebendigen Anfängerinnen
Laßt uns, was vergangen.

(Übersetzung: Astrid Becker)

»Wir waren ja sozusagen der Feind«
Elisabeth Zimmermann (1913–1995)

»Ich habe natürlich gewußt, daß die Nazis Homosexualität verurteilten – siehe die Röhm-Affaire –, und hab mich entsprechend zurückgehalten. Daß jemand wegen Homosexualität verfolgt wurde, hab ich in meinem Bekanntenkreis nicht erlebt. Es wurde kaum drüber gesprochen. Instinktiv hat man sich geschützt. Man hat sich abgekapselt und hat sich entsprechend benommen: vorsichtig. Ich erlebte ja 1935, wie schnell man damals ins Gefängnis kommen konnte; Onkel und Tante in Paderborn wurden beide vorübergehend verhaftet, weil sie katholisch waren und Schriften verteilt haben. Als sie abgeholt wurden, wohnte ich schon nicht mehr im Haus. Ich hab davon gehört und bin hingegangen und hab für ihre Kinder gesorgt, das war nur natürlich. Gut, Tatsache war – wer gegen die Nazis ist, wird angegriffen, aber welche Ausmaße das annehmen konnte, wußte ich bis dahin nicht.«

Als ich Elisabeth Zimmermann 1987 in Saarbrücken besuchte, erzählte sie mir von Lebenserfahrungen und -mustern, die mir auch in Interviews mit anderen Frauen ihrer Generation begegnet und aufgefallen sind. Da ist zum einen der Umstand, daß der Prozeß der Identitätsfindung bei manchen viele Jahre, manchmal gar Jahrzehnte dauerte und sich damit wesentlich länger hinzog als bei homosexuellen Männern. Ausschlaggebend war dafür wohl die geschlechtsspezifische Erziehung, die Mädchen und junge Frauen zur sexuellen Passivität und Enthaltsamkeit anhielt, zumindest bis zur obligatorischen Eheschließung. Darüber hinaus spielten auch Zeit und Ort des Heranwachsens eine wichtige Rolle: Diejenigen Frauen, die während der Weimarer Republik Zugang zu der sich auf die Großstädte beschränkenden lesbischen Subkultur hatten, konnten sich leichter über ihre

Elisabeth Zimmermann

lesbische Veranlagung klarwerden als solche, die in der »Provinz« lebten oder unter der Maxime der NS-Mädchenerziehung »Rein bleiben und reif werden« aufwuchsen. Wie in manch einer anderen lesbischen Lebensgeschichte fällt auch bei Elisabeth Zimmermann auf, wie der Zwang zur Geheimhaltung (»sich bloß nichts anmerken lassen«) mit der Betonung der Selbstbestimmung (»ich hab nur meinem Gefühl entsprechend gehandelt«) kollidiert.

Ihre Kindheit und Jugend verbringt Elisabeth Zimmermann in Paderborn. Nach dem frühen Tod der geliebten Mutter wächst sie zusammen mit ihrem Bruder bei den Verwandten ihres Vaters auf. Vom Vater fühlt sie sich wenig verstanden, er bevorzugt den Bruder, und die katholischen Tanten machen keinen Hehl daraus, daß es in ihren Augen einer Todsünde gleichkam, daß Elisabeths Mutter eine »Luthersche« war. Statt sonntags in die Kirche zu gehen, spielt Elisabeth Zimmermann lieber heimlich Fußball und erfindet nicht begangene »Sünden« für die Beichte.

Als die Großmutter, die einzige Verwandte, die zu ihr hält, stirbt, kommt die Zwölfjährige in eine Klosterschule in Viersen, und von 1927 bis 1933 besucht sie ein Franziskanerinnen-Internat im Sauerland. Sport, Deutsch und Kunst sind ihre Lieblingsfächer. Im Februar nach der Machtübernahme der Nationalsozialisten verläßt sie die Schule mit dem Abitur in der Tasche. Wie die ebenfalls in diesem Buch portraitierte Anneliese W. geht auch sie für ein halbes Jahr in den Freiwilligen Arbeitsdienst, »um die Zeit zu überbrücken«.

»Beim Arbeitsdienst bin ich einer Mitschülerin richtig nachgestiegen. Ich weiß auch nicht, warum; das war gar nicht so mein Typ, sie war weder hübsch noch besonders intelligent. Das Komische war, daß diese Mitschülerin es sogar eher gemerkt hat als ich! Ich habe ihre Nähe gesucht, hab auch versucht, sie zu umarmen und zu küssen. Ich habe das mehr so automatisch gemacht, hab mir nichts Besonderes dabei gedacht, und geredet habe ich damals über meine Gefühle schon gar nicht. Sie hat mich Gott sei Dank in einer sehr guten Form zurückgewiesen; eine andere hätte vielleicht gelästert oder hätte zu den anderen gesagt, ›die steigt mir nach‹. Dann hätte ich vielleicht in dem Moment gemerkt, daß da was nicht stimmt oder nicht normal ist – ich hab das nämlich nie als anormal empfunden. Als ich ein bißchen älter wurde, habe ich mir gesagt, gut, es gibt verschiedene Strukturen, man ist wohl von Natur aus so, es gibt ja bei den Tieren auch gleichgeschlechtliche Bindungen.

Dort, im Arbeitsdienst in Herne, haben wir Landwirtschaft gelernt, wir haben im Garten gearbeitet. Was mußten wir noch machen? Haushalt und so'n Quatsch. Wir haben uns unsere Uniformen genäht, himmelblaue Kleider mit weißen Aufschlägen. Ich bin freiwillig zum Arbeitsdienst gegangen, später war's dann Pflicht. Man kriegte Geld, abgesehen von der Unterkunft und der Uniform. Nicht viel, aber man kriegte Geld. Man brauchte sich um nichts zu kümmern. Das war prima, für mich war das ganz herrlich. Zwei Mitabiturientinnen aus meiner Klasse waren auch dabei. Wir wurden auch noch nicht so indoktriniert, wie das nachher der Fall war. Wir haben unsere Arbeit gemacht, haben gesungen. Wir waren in zwei Baracken untergebracht, in einer wurde gegessen, und da war die Küche, und das andere war die Schlafbaracke. Erst kurz vor meinem Weggehen vom Arbeitsdienst hab ich gemerkt, daß die drei Leiterinnen ja Nazifrauen waren. Da ist mir auch erst richtig klargeworden, daß das eine typische Nazieinrichtung war.«

Im Anschluß an den Arbeitsdienst beginnt Elisabeth Zimmermann ein Volontariat beim *Westfälischen Volksblatt* in Paderborn, um ihren Traumberuf Journalistin zu erlernen. Doch da sie von fünf Pfennig Zeilenhonorar nicht leben kann, arbeitet sie in den folgenden Jahren statt dessen als Stenotypistin in verschiedenen Firmen und Städten. Bei einer Baufirma in Dortmund lernt sie eine Sekretärin kennen, zu der sie sich hingezogen fühlt. Die Anziehung ist gegenseitig, doch beide Frauen haben nicht die Courage, aufeinander zuzugehen. »Wenn ich damals schon hätte zugreifen können!« bedauerte Elisabeth Zimmermann im nachhinein ihr verzögertes *Coming-out*. »Aber ich hab es damals noch nicht geschafft, obwohl ich innerlich schon etwas ahnte. Die Orientierung, ob Mann oder Frau, blieb bei mir lange unter der Oberfläche. Es war nur die Erziehung, die mich abgehalten hat.« Flirts mit Männern endeten zwar stets an der Gürtellinie, doch sollten noch mehrere Jahre vergehen, bis sie ihrer Zuneigung für eine Frau nachgeben konnte – keine Seltenheit im »Dritten Reich« mit seiner repressiven Sexualmoral, die Frauenbeziehungen tabuisierte und gleichzeitig ächtete.

Nach Kriegsbeginn arbeitet sie im Heidelberger Arbeitsamt bei einer Stelle, wo die polnischen ZwangsarbeiterInnen registriert wurden. Da sie einen Konflikt mit ihrem Vorgesetzten vermeiden will, einem überzeugten Nazi, der ihr nachstellt, läßt sie sich beurlauben, um in Hamburg eine Fremdsprachenschule besuchen zu können. Auf diese Weise entgeht sie auch ihrem ebenso aufdringlichen Vetter, der sie zum Eintritt in die NSDAP drängt.

»Daß ich mich in acht nehmen mußte, war meistens an konkrete Figuren gebunden wie an diesen Typ im Arbeitsamt in Heidelberg oder meinen Vetter. Vor solchen Typen hab ich mich geschützt, aber ich hab kein System draus gemacht. Es ist immer so gewesen, daß ich für mich handeln mußte, weil ich nie den Halt in der Familie gehabt habe. Es hat mich nie jemand aus der Familie verteidigt oder geschützt.

In Hamburg auf der Fremdsprachenschule war eine, die hatte dort ihre Freundin. Ich war ja in Wirklichkeit naiv. Für mich war das nichts Ungewöhnliches, Strafbares oder Unnatürliches. Die zwei waren einfach zusammen. Die eine hat mich zwar angeschwärmt, aber ich hätte niemals in diese Freundschaft eingegriffen. Daß das eine Liebe war, hab ich erst eine Weile später gemerkt, aber das war für mich kein Schock. Ich hab mich nie indoktrinieren lassen, auch nicht durch das Katholische oder woher man so seine Richtlinien hat – das ist anständig und das ist nicht anständig. Ich hab immer nur gehört, ›Schämst du dich nicht?‹ Niemals hat mir jemand erläutert, wofür ich mich hätte schämen sollen.«

Nach der Dolmetscherprüfung geht sie zur deutschen Heeresabteilung in St. Germain des Prés bei Paris. Nach dem deutschen Überfall auf Polen hatte Frankreich am 3. September 1939 Deutschland den Krieg erklärt, doch zunächst kam es nicht zu Kampfhandlungen. Nach acht Monaten des *drôle de guerre*, des »seltsamen Krieges«, überrollte die deutsche Wehrmacht im Mai

1940 die Niederlande, Belgien, Luxemburg und Frankreich und zog am 14. Juni in Paris ein. Die französische Regierung kapitulierte. Frankreich wurde in eine besetzte und eine bis November 1942 unbesetzte Zone in Südfrankreich eingeteilt, in der von 1940 bis 1944 das zur Kollaboration bereite Vichy-Regime unter Marschall Pétain regierte. Ein Besatzungsregime wurde errichtet, das Todesstrafen gegen alle »Vergehen« verhängte, die als Sabotage ausgelegt werden konnten. Zugleich wurden die antijüdischen Gesetze auf Frankreich übertragen, und das Waffenstillstandsabkommen sah die Auslieferung der von Deutschland angeforderten und seit Mai 1940 in zahlreichen Lagern internierten Flüchtlinge vor. Ab März 1942 rollten die Deportationszüge mit 76 000 französischen und ausländischen Jüdinnen und Juden in die Vernichtungslager. Frankreich war für viele EmigrantInnen aus Deutschland zur tödlichen Falle geworden, aus der es kaum ein Entrinnen gab.

»In Frankreich war ich zuerst in der Heeresdienststelle in St. Germain des Prés, und zwar in der Passierscheinstelle. Dorthin kamen zumeist Juden oder Leute, die jüdische Verwandte hatten und die in die freie Zone wollten. Wir hatten einen Chef, der hatte eine fabelhafte Unterschrift: so zackig wie er war, so zackig war die Unterschrift. Die habe ich wunderbar nachmachen können. Ich habe einige Passierscheine gefälscht. Damit konnten sie dann über die Demarkationslinie. Es war ja nicht viel, was man tun konnte. Daß die mir dann zum Dank Stoffe brachten, war mir peinlich; ich hab das nicht gewollt. Von dort schrieb ich einen Freund an, der Kontakt zur deutschen Botschaft in Paris hatte, und bin so in Paris gelandet, in der Rue de Lille, wo die Botschaft war. Ich habe in der Kulturabteilung gearbeitet, als Übersetzerin.

In der deutschen Botschaft habe ich Anita kennengelernt. Sie hatte dort ein Fotolabor und entwickelte und vergrößerte auch Fotos für die Presseabteilung. Ich glaube, sie war dreizehn Jahre älter als ich, aber ich hab Altersunterschiede nie gespürt, es war mir egal. Im Palais d'Orsay, wo fast alle Angestellten von der Botschaft wohnten, hatten wir zwei Zimmer nebeneinander, ganz oben unterm Dach. Ich lernte sie beim Rotkreuzkursus kennen, sie saß mir gegenüber. Sie hatte dieses schmale, ovale, ein bißchen männliche Gesicht. Ich hab gefühlsmäßig empfunden, daß ich darauf fixiert bin, ohne ausdrücken zu können, daß ich auf irgendeinen Typ festgelegt war. Erst in den letzten Jahren ist mir das richtig klargeworden.

Ich habe dann festgestellt, daß wir nebeneinander wohnten. Eines Tages fiel das Licht aus; ich hatte Kerzen und bin rüber zu ihr. Das war, glaube ich, die zweite Begegnung. Wie war denn das? Sie war krank, lag im Bett. Ich saß eine Weile am Bett, wir haben geredet. Dann hat sie mich in den Arm genommen und mich geküßt. Es ging alles irgendwie von selbst. Es war, als ob sie sagen wollte, ›Komm her, ich nehme dich unter meine Fittiche‹, sie war ja wesentlich älter als ich. Groß, schlank, aus Berlin. Sie hatte schon vorher Frauenbeziehungen gehabt.

Die Beziehung mit Anita dauerte während meiner ganzen Pariser Zeit, also etwa von 1941 bis 1944. Ich bin kein Typ, der die Daten so genau behält. Ob die Beziehung in der Botschaft bekannt geworden ist, weiß ich nicht; jedenfalls gab es keine Komplikationen. Wir sind tagsüber ab und zu durch Paris geschlendert, haben eingekauft. Für uns waren die Abende da und das Wochenende. Ich weiß nicht, ob es Lokale für Homosexuelle gab; wir sind nicht hingegangen. Wir sind oft zum Parnasse oder Montmartre gegangen oder zum Boulevard St. Michel, aber wir haben keine Bekanntschaften oder Kontakte gesucht. Wir waren ja sozusagen der Feind. Wenn wir irgendwo in einem Lokal waren oder im Theater, ließ sie mich sprechen. Mich hat man nicht unbedingt als Deutsche erkannt. Wir hatten französische Freunde, die fragten mich, ›Aus welcher Gegend in Frankreich sind Sie denn?‹ Da war ich ganz schön stolz. Insofern sind wir auch in den Lokalen nicht als Ausländer aufgefallen.«

1944 heiratet Elisabeth Zimmermann einen Kollegen, den sie Anfang der vierziger Jahre in der Heeresdienststelle kennengelernt hatte. Eine »richtige Ehe« sei das jedoch nie gewesen, und bis heute wisse sie eigentlich nicht, warum sie geheiratet habe.

»Da laufen so viele Dinge im Unterbewußtsein ab, und man kann es nicht verbalisieren, jedenfalls habe ich das nie so richtig versucht. Ich hab nur meinem Gefühl entsprechend gehandelt, und damit war die Chose fertig. Heute neigt man dazu, alles zu analysieren. Vielleicht bin ich auch gar nicht geschult darin, solche Dinge zu analysieren. Und dann auch die lange Zeit der Geheimhaltung, der Unterdrückung, sich bloß die Veranlagung nicht anmerken lassen, sonst wär ich doch im KZ gelandet.

Als ich den Zimmermann in der Heeresdienststelle kennenlernte, wußte er von meiner Veranlagung, aber er hat nicht gedacht, daß das so massiv ist. Später hat er mir Vorwürfe gemacht und gesagt, ›Das finde ich sehr gemein; wenn ich mal mit 'nem jungen Mann schlafe, dann ist das am nächsten Tag vergessen, aber was du da machst, das ist schon Betrug.‹ Ich habe mich nicht verteidigt, ich hab nicht eingesehen, daß ich mich für was verteidigen soll, was ich für gut halte. Daran hatte er schwer zu knabbern. Aber wir waren dann schon weg aus Paris, ich hatte Anita aus den Augen verloren. Sie kam nach Ostpreußen. Als dann die Russen kamen, ist sie zurück und war dann weg vom Fenster. Ich habe sie erst nach dem Krieg in Frankfurt wieder getroffen, aber da lebte sie schon mit einer anderen Frau zusammen.

Warum ich mit ihm aus Paris wegging und nicht mit ihr? Ich weiß nicht. Ich hätte Anita nichts bieten können. Ich hatte keine Existenz, hatte keine Heimatgefühle. Ich hab auch nie das Gefühl gehabt, daß ich jemanden an mich anbinden darf. Ich wollte selbst nicht angebunden werden; wenn ich es gespürt habe, hab ich mich immer gelöst. Ich bin vielleicht ein bißchen anarchisch, chaotisch, aber ich brauche rumdum Freiheit, Gedanken- und Handlungsfreiheit. Ich kann es nicht nachempfinden, wenn jemand eine feste Bindung braucht, jemand, der ihm sagt, ›So, jetzt gehst du aufs Töpfchen.‹

Es gab eine gewisse Ähnlichkeit zwischen Anita und dem Zimmermann. Sie waren beide hochgewachsen, hatten weißes Haar und waren so ein bißchen staksig. Sie waren auch beide ein bißchen überheblich. Das heißt, er war schwer überheblich, er konnte immer nur auf jemand runtergucken und war krankhaft eifersüchtig.«

Nach der Landung der Alliierten in der Normandie und der Evakuierung der deutschen Botschaft im Juni 1944 geht Elisabeth Zimmermann mit ihrem Mann zurück nach Deutschland; in München erlebt sie das Kriegsende. Als ihr Mann anfängt, sie zu mißhandeln, läßt sie sich scheiden, zieht zu ihrem in Saarbrücken lebenden Bruder und arbeitet als Übersetzerin für eine Stahlbaufirma. Nach ihrer Pensionierung 1972 erfüllt sie sich einen alten Traum und beginnt ein Studium in Kunst und Altertumsforschung.

»Ich hatte mich in mein Privatleben gestürzt«
Elisabeth Leithäuser (Jahrgang 1914)

»1933 bin ich zum aktiven Widerstand gekommen. Die Kuriere kamen mit Flugblättern, wir haben auch selber Flugblätter gemacht und zu nächtlicher Stunde an Litfaßsäulen geklebt. Ich sehe uns auf irgendeinem Laubenpiepergelände in Kassel, wo gesagt wurde, ›Ich mach Flugblätter, du klebst und du guckst.‹ Karl Wloch – er war Redakteur von der *Roten Fahne*, machte später drüben in Ost-Berlin eine steile Karriere – kam öfter mit Material nach Kassel und brachte es zu Genossen. Ich ging dann immer mit, und wir spielten Liebespaar, haben uns bei Gefahr sofort an die Wand gedrückt und rumgeknutscht. Doch wir flogen bald auf und wurden verhaftet.«

Als ich Elisabeth Leithäuser 1986 zu einem Gespräch besuchte, erinnerte sie sich an diese dramatischen Augenblicke ihrer Jugendzeit. 1915 wird sie als Einjährige von einer reichen Witwe aus einer alten friesischen Familie adoptiert, die in der Inflation jedoch ihr ganzes Geld verliert. Sie wächst in Kassel auf. Spannungen mit der Adoptivmutter, die an bürgerlichen Vorurteilen festhält, zeichnen sich früh ab.

»Das hat mich so böse und renitent gemacht. Auch daß meine Mutter zum Beispiel sagte, ›Wenn du erwachsen bist, lernst du einen netten jungen Mann kennen, dann laden wir ihn ein und ihr verlobt euch, und wenn ich alt bin, dann lebe ich bei euch.‹ Ich habe damals mit vierzehn, fünfzehn Jahren nur gewußt, das will ich nicht. Aber was ich wollte, das wußte ich noch nicht.«

Mit siebzehn beginnt sie politisch aktiv zu werden: Zusammen mit ihrer Schulfreundin Margot tritt sie in den Kommunistischen Jugendverband (KJV) ein – weshalb man sie beide beim Abitur durchfallen läßt.

»Daß ich zum KJV kam, hatte sicher *auch* etwas mit der Opposition gegen die total verarmte großbürgerliche Scheinwelt meiner Adoptivmutter zu tun. Aber nicht nur. Sonst hätte das nicht gehalten; dann wäre ich möglicherweise auch Nationalsozialistin oder völlig unpolitisch geworden.«

Wenig später entdeckt sie ihre lesbische Veranlagung: »Bisexuell zu sein habe ich stets als eine große Bevorzugung des Lebens empfunden, als eine größere Erlebnisspanne. Die Beziehungen zu Frauen haben sich immer auf einer breiteren Skala, einer differenzierteren Gefühlsebene abgespielt.« Männer seien dagegen für sie in viel stärkerem Maß »Sexualobjekte« gewesen.

»Ich durfte 1932, als sie mich schon aus der Schule rausgeschmissen hatten, noch mit meiner Freundin Margot in ein Landschulheim mitkommen. Plötzlich war da etwas, was die Beziehung, die Atmosphäre zwischen uns veränderte, und zwar schlagartig. Es war in den Schlafsälen, und wir waren natürlich unendlich leise. Ebenso überwältigend wie lautlos verging diese erste Nacht. Und ich sehe uns beide noch, ganz frühmorgens, auf dem Meissner war's. Wir waren ja ganz intellektuelle Mädchen, die schon Kurse gemacht hatten über Marx, übers *Kapital* und so weiter. Wir saßen also beide da, und entweder sie oder ich sagte, ›Was da heute nacht war, das war ganz einwandfrei lesbisch; man weiß ja, daß das in der Pubertät häufig vorkommt.‹ Wir haben das ganz sachlich festgestellt: diese absonderliche Nacht würde nicht mehr wiederkommen. Aber es wiederholte sich, es wiederholte sich, es wiederholte sich. Wir haben uns fast aufgefressen.«

Um mit dieser ersten sexuellen Erfahrung fertig zu werden – »man ist ja tödlich allein mit sich in der Jugend« –, schreibt sie Tagebuch. Als sie eines Tages nach Hause kommt, sieht sie, wie ihre Mutter gerade darin liest.

»Ich habe sie so gehaßt, ich hätte sie am liebsten umgebracht. Das war so ein ungeheuerlicher Vertrauensbruch! Es gab eine fürchterliche nächtliche Szene. Das war der Grund, warum ich mich dann von meiner Mutter getrennt habe. Ich weiß im nachhinein, daß sie unendlich verzweifelt und traurig darüber war, daß ihr Wunschkind – ich war ja adoptiert – auch noch in dieser

Elisabeth Leithäuser, 1937

Elisabeth Leithäuser, 1991

sexuellen Beziehung anders war. Sexualität war für meine Adoptivmutter ohnehin etwas, was sie völlig ausklammerte. Ich hab mich vorher schon nicht wohl gefühlt, und wir hatten jede Menge Differenzen, auch aus anderen Gründen. Sie hat mir oft und schon sehr früh, ich muß etwa drei oder vier gewesen sein, gesagt, ›Wenn du nicht ganz lieb und brav bist, dann verstoße ich dich!‹ Das hat mich von klein auf geprägt, und mir wurde klar, daß ich nur zwei Wege gehen konnte: Entweder mich immer an jemandem hochzuranken, damit mir nichts passiert, oder mich völlig nur auf mich zu verlassen und auf mich zu beziehen, alles allein und selbständig zu machen. Das habe ich getan, aber natürlich muß man dafür bezahlen. Menschlich bezahlen.

Meine Mutter sah selber ein, daß wir nicht mehr unter einem Dach leben konnten, und dann bin ich ausgezogen. Da war die Geschichte mit meiner Freundin aber schon längst vorbei. Unsere gemeinsame Freundin Ruth hatte das alles kopfschüttelnd miterlebt und sah, daß das mit uns auseinanderging, denn Margot hatte ihre erste Beziehung zu einem Mann und ist dann hetero geblieben. Da kamen aber schon Gestapo und die Untersuchungshaft. Ruth, Margot und ich sind zweimal kurz in Untersuchungshaft gewesen. Das hat sich mir *so* eingeprägt. Als wir wieder mal auf ein Verhör warteten, wurden drei oder vier Genossen aus unserem Jugendverband an uns vorbeigeführt, blutig geschlagen, um uns einzuschüchtern.«

Im März 1934 findet der Prozeß gegen zwei Dutzend Mitglieder des KJV in Hessen, darunter auch Elisabeth Leithäuser und ihre beiden Freundinnen, wegen angeblicher Vorbereitung zum Hochverrat statt.

»Im Prozeß hat der Gestapo-Kommissar, der für uns zuständig war, aufrechten Hauptes zu unseren Gunsten einen Meineid geschworen. Wir sind deshalb glimpflich davongekommen, wurden freigesprochen. Ich bekam ein Aufenthaltsverbot für Kassel. Wir haben nach 1945 versucht, den Kommissar zu finden, um ihm zu helfen, haben aber nur erfahren, daß er ursprünglich vom Heiratsschwindler-Dezernat in Köln kam; dann hat man ihn offenbar zur Gestapo gepreßt.«

Einer der Hauptangeklagten des Prozesses, Willi Belz, hat die

Widerstandsaktionen der Kasseler Jugendlichen ausführlich in seinem Buch *Die Standhaften* dargestellt.

Mit achtzehn Jahren zieht Elisabeth Leithäuser zu Hause aus und wohnt dann bei ihrer Freundin Ruth und deren Vater. Kurz darauf, 1933, beginnt eine Beziehung zu einem zwanzig Jahre älteren Mann, und sie zieht zu ihm nach Frankfurt.

»Ich fand es merkwürdig, daß Anton so furchtbar heftig reagierte, als ich einmal mit ihm auf der Kaiserstraße in Frankfurt war und dort eine sehr attraktive Frau sah. Ich sagte zu ihm, ›Guck mal, wie die aussieht!‹ und drehte mich wahrscheinlich auch noch nach ihr um. Da waren bei ihm sofort die Antennen raus. Er hat mir später gesagt, er habe damals überlegt, ob er mich nicht bitten soll, nach Kassel zurückzugehen, denn er hatte schon einmal eine Frau an eine andere verloren, und das wollte er nicht noch einmal erleben. Und dann hat er's doch noch einmal erlebt, fürchterlich war es, ganz schrecklich. Das ist mir mein Leben lang begegnet, daß Männer es nicht ertragen können, wenn die Frau eine Beziehung zu einer andern hat. Eine ernsthafte, nicht nur so eine hübsche Bettgeschichte, wo man zu dritt was machen kann. Wenn es ernsthaft ist, sind sie im Tiefsten gekränkt; tiefer, als wenn sie die Freundin an einen andern Mann verlieren.

Ich war damals gezwungen, eine Abtreibung zu machen, weil Anton noch verheiratet war, und ich war erst neunzehn. Es war alles äußerst schwierig. Abtreibungen sind etwas Entsetzliches. Ich bin wirklich kein Muttertier, aber es ist so, als wenn einem ein Stück aus der Seele rausgekratzt würde. Es ging mir nach dieser Abtreibung ganz furchtbar schlecht, ich habe nur noch mit Schlafmitteln gelebt. Die Beziehung zu dem Mann war sehr gestört, und er immer mit seinen leidenschaftlichen Forderungen!«

Gleichzeitig beginnt 1933/34 auch ihre erste intensive Beziehung zu einer Frau. Die sieben Jahre ältere Elga ist Apothekerin, und in ihrer Apotheke lernen sich beide Frauen auch kennen.

»Elga hatte bereits eine wichtige Frauenbeziehung gehabt. Als ich sie kennenlernte, war sie mit einem werdenden Apotheker liiert, doch das ging dann meinetwegen auseinander. Zwischen uns war eine ganz starke menschliche Anziehung. Die wichtigen Beziehungen gingen bei mir ohnehin eher um menschliche Vertrautheit, Nähe, Sympathie. Ich wollte mit den Frauen nicht nur im Bett liegen, ich hatte schon einen intellektuellen Anspruch. Ich hatte mich ja mit Marxismus beschäftigt und damals noch die ganzen großen Autoren gelesen, die nachher alle verboten wurden. Im Gegensatz zu Anton war Elga einfach für mich da, nicht dienend, passiv oder hörig wie er, keineswegs. Die ganz natürliche Vertrautheit – ich bin eine Frau, sie ist eine Frau – ist auf jeden Fall eine gemeinsame Basis, die den Umgang miteinander müheloser macht, und das ist mein Leben lang so geblieben! So entstand diese erste längere Beziehung.

Für Elga und mich begannen furchtbar schwere Jahre, weil Anton das nicht mitgemacht hat. Er ist an den Rand seiner inneren Existenz geraten. Er war außerordentlich begabt, ich verdanke ihm sehr viel, und das machte die Sache sehr viel schwieriger als bei so einem dummen Macho, der nur Hormone im Gehirn hat und ansonsten völlig hinüber ist.

Elga hat unter meiner gleichzeitigen Beziehung zu ihm – wir wohnten zusammen – gelitten, hat es hingenommen und geweint. Ich bekam dann 1937 doch ein Kind von ihm. Ich hätte es zwar auch abtreiben können, aber das wollte ich nicht. Als es auf die Welt kam, habe ich mich von Anton getrennt, denn all meine Abneigung gegen seine Hysterie und die lauten, fürchterlichen Szenen, die er uns gemacht hat, Pässe zerreißen und all so was, hab ich auf das Kind übertragen. Drum ließ ich es drei Jahre in dem privaten Kinderheim, wo ich es auch zur Welt gebracht hatte. Dann habe ich es zu mir und meiner Freundin geholt. Nach zwei Jahren kamen die Fliegerangriffe auf Berlin, und von 1943 bis 1945 gaben wir sie zu anthroposophischen Freunden auf ein Gut im Schwarzwald. Das habe ich nie wieder gutmachen können, diese ersten Jahre ohne mich.«

Im Frühjahr 1938 geht Elisabeth Leithäuser endgültig nach Berlin, wo Elga bereits seit einiger Zeit lebt und arbeitet. Sie beziehen zunächst bei zwei Frauen eine möblierte Wohnung in Wannsee.

»Sie waren wohl auch ein Paar, aber über die Privatsphäre

wurde nicht gesprochen. Wir waren damals natürlich sehr diskret, aber wiederum nicht *so* versteckt, und für erfahrenere Blicke sehr miteinander verbunden. Keine acht Tage waren wir in dieser Wohnung in Wannsee, da kamen wir aus der Stadt nach Hause, und die Wohnung war durchwühlt, weil die Gestapo dagewesen war. Ich war ja durch den Prozeß bekannt und wurde während der Nazi-Zeit mehrmals zur Gestapo vorgeladen. Ich wurde dahin bestellt, hatte irrsinnige Ängste. Ich erinnere mich daran, wie in der Burgstraße, wo auch eine Gestapostelle war, dieser vernehmende Mensch versucht hat, mich dazu zu bringen, Spitzelarbeit zu leisten. Er sagte, ›Sicher, Sie haben das Aufenthaltsverbot für Kassel, aber das kann man ja auch wieder lockern. Sie haben doch Ihre beiden Freundinnen noch dort. Darüber könnten wir doch vielleicht reden?‹ Eine meiner Freundinnen ging 1942/43 erneut in eine Widerstandsgruppe und bekam die entsprechenden Schwierigkeiten. Ich sagte, ›Wissen Sie, der Kommunismus ist eine solche Jugendsünde von mir gewesen, ich habe mich so völlig davon abgekehrt, daß ich meine Beziehung zu meinen beiden Freundinnen abgebrochen habe.‹ Er sagte, ›Wir kennen Ihr Privatleben, Sie, und nicht nur Sie ... Wir haben eine Liste von diesen Frauen ...‹ Ob er damals ›Lesbierinnen‹ sagte? Ich glaube. Ich weiß, daß mich das sehr erschreckte. Auf den Vorwurf, lesbisch zu sein, bin ich nicht eingegangen. Er hat es gesagt, und ich habe geschwiegen. Das war das Gescheiteste, was ich machen konnte. Ich wohnte ja mit Elga in einer Wohnung und war damals auch noch nicht verheiratet. Die Gestapo war in diesen zwölf Jahren immer da, auch wenn wir relativ unbehelligt lebten. Sie hätte jeden Augenblick wieder da sein können.«

Bald darauf ziehen beide Frauen in einen Neubau in Neuwestend, »schon mit Luftschutzkeller, weil die Nazis ja den Krieg vorbereiteten. Was die Intimsphäre angeht, hatten wir in dem Haus nicht die geringsten Schwierigkeiten. Überhaupt hatten wir dadurch keine Schwierigkeiten. Ich weiß nicht, ob's was mit dem sozialen Status zu tun hatte, mit der materiellen Sicherheit, daß man anders auftrat? Oder wie es gewesen wäre, wenn wir ganz arm gewesen wären oder in einem Arbeiterhaus gelebt hätten, weil da die Männer ihren Aggressionen eher nachgehen? Der Mietvertrag ging nur auf ihren Namen, weil sie ein gehobenes Einkommen hatte. Wir waren beide unverheiratet damals; sie hat sich auch nicht etwa mit einem Verlobten oder einer in Aussicht stehenden Ehe geschmückt. Wir zahlten unsere Miete, sahen anständig aus und benahmen uns anständig. Als die Apotheke in Schutt und Asche aufzugehen drohte, hat meine Freundin, die zufällig Nachtdienst hatte, ungeheuer gelöscht und geholfen und hat eine Auszeichnung bekommen. Wegen der politischen Unsicherheiten durch mich waren wir sehr froh, daß wir das hatten. Wir haben es bei der Tür aufgehängt, damit der Blockwart das sofort sah, wenn er draußen stand.«

Seit ihrer Freilassung 1934 lebte Elisabeth Leithäuser von Gelegenheitsjobs und der Unterstützung ihrer Freundin. Von Anton, der Funkschriftsteller war und ihretwegen auch ein Arbeitsverbot bei Radio Saarbrücken bekam, hatte sie das »Rundfunkhandwerk« gelernt.

»Als ich nach Berlin kam, hätte ich ohne weiteres zum Reichsrundfunk gekonnt, wo sie junge, begabte, schreibende Frauen oder auch Reporterinnen dringend suchten, und begabt fürs Schreiben war ich schon immer. Das hab ich nicht gemacht, ich hab's nicht gewollt. Meine Freundin fand es auch völlig richtig, daß ich mich nicht um den Reichsrundfunk bemühte. In den zwölf Jahren der Arbeitslosigkeit habe ich überhaupt keine Zugeständnisse gemacht. Ich habe gejobbt, habe als Sekretärin auf stundenweiser Basis gearbeitet, weil ich unter keinen Umständen fest angestellt sein wollte.

Mit meinen drei Arbeitgebern habe ich sehr viel Glück gehabt. Ich hatte selber inseriert. Der letzte war heilfroh, daß er jemanden hatte, der kein Nazi war, weil er selber Kontakte zu Widerstandskreisen hatte und Repräsentant eines geopolitischen Verlags war. In der Korrespondenz, die ich damals geschrieben habe, waren die ganzen großen Namen drin, Canaris, von Trott zu Solz und andere. Dann hatte ich noch einen andern Chef, der sich auch freute, daß er keine Nazi-Frau bekam. Ihm habe ich übrigens meine Geschichte erzählt; man spürte einfach, wo man's sagen kann. Man entwickelte zusätzliche Sinne, Instinkte, es ist entweder Gestapo, oder aber es sind Menschen, mit denen man sprechen konnte, ich hab mich da auch nie geirrt. Natürlich war man vorsichtig. Ich hatte mich nach dem Prozeß in mein Privatleben gestürzt und politisch auch wirklich nichts mehr gemacht. Im Herbst 1944 hätte ich Anschluß an eine Widerstandsgruppe finden können, die von Hermann Henselmann ausging, ein guter Architekt, der vom Bauhaus stammte und der später diese fürchterliche Stalin-Allee in Ost-Berlin gebaut hat. In diese Gruppe hätte ich gehen können, aber ich hatte Angst. Angst, wieder verhört zu werden, Angst, wieder ins Gefängnis zu kommen. Aber daß ich's nicht gemacht habe, ist etwas, was ich mir bis heute nicht verzeihe. Ich kann nicht sagen, daß ich damals immer unter Angst gelebt habe, aber ich war immer wachsam; nicht ohne Grund, mein Telefon wurde überwacht.«

Trotzdem läßt sich Elisabeth Leithäuser nicht davon abhalten, in die Leibniz-Klause, einen der noch bestehenden lesbischen Treffpunkte zu gehen. Im nachhinein vermutet sie, daß die Gestapo von dem Lokal gewußt hat.

»Es gab in der Nazi-Zeit – es war, glaube ich, bereits Krieg – ein Frauenlokal, die Leibniz-Klause; das Lokal existiert heute noch. In größeren Abständen bin ich dort hingegangen. Es wurde von Roy gemacht, einer Frau mit kurzen blonden Haaren. Roy war völlig eindeutig. Es war ein Lesbenlokal, das war ganz klar. Es stand nicht draußen dran, aber es hatte sich natürlich rumgesprochen. Es war ein kleines, ruhiges Lokal. Dort habe ich mal eine Frau aufgetan, eine kleine drahtige Person mit kurzen Haaren, die einen langen, grauen Ledermantel trug und die ganz offen sagte, daß sie bei der Gestapo arbeitete. Das hat für mich einen Reiz ausgemacht, einen bösen Reiz. Ich war mit der Frau zwei- oder dreimal zusammen, hab natürlich nichts von mir erzählt. Möglich wäre es, daß die Gestapo von dem Lokal gewußt, es geduldet hat. Ich hab ja auch dort diese Frau von der Gestapo kennengelernt. Vielleicht sagte man sich, wir wollen die einfach im Auge behalten, und vielleicht kam auch daher die Sache mit der Liste, von der der Gestapo-Mann gesprochen hatte.«

1944 trennen Elisabeth Leithäuser und Elga sich im guten. Elga zieht zu ihrer neuen Partnerin in die Nähe von Potsdam, und Elisabeth Leithäuser lebt nun mit Brigitte zusammen, die in der Giesebrechtstraße eine große Wohnung hat. Im April 1945 habe sie Brigitte verlassen – »obwohl wir uns völlig darauf eingestellt hatten, den Zusammenbruch gemeinsam zu überleben. Brigitte und ich hatten auch überlegt, wie wir uns bei Vergewaltigungen verhalten würden. Aber ich hab sie im Stich gelassen. Denn plötzlich stand Conrad, einer meiner Männer, vor der Tür, und wir haben beide gedacht, dies ist eine Fügung Gottes. Völlig unter Beschuß, an Leichen vorbei, haben wir im April 1945 aus einer Kriegspsychose geheiratet, aber es ging nicht, ich bin wirklich nach vierzehn Tagen zu Brigitte zurück. Doch davon hat sich unsere Beziehung nie erholt. Es war einzig und allein meine Schuld, so etwas darf man nicht tun. Das gehört zu den wenigen Dingen, die ich mir nie verzeihen kann.«

Der 8. Mai 1945, der Tag der Befreiung, wird für Elisabeth Leithäuser zum glücklichsten Tag ihres Lebens. Sie wird schnell Redakteurin beim russisch lizensierten Berliner Rundfunk, später beim amerikanisch lizensierten Sender RIAS, macht Öffentlichkeitsarbeit bei der Presse und ist Mitarbeiterin bei Berliner und westdeutschen Zeitungen. Mit siebenundfünfzig Jahren wechselt sie jedoch den Beruf und leitet ein Haus zur Rehabilitation von psychisch Kranken. (Die Voraussetzungen dazu hatte sie sich in den zwölf Jahren Nazi-Zeit durch Uni-Vorlesungen erworben.) Sie engagiert sich in der Autonomen Frauenbewegung und lebt nun ihr »drittes Leben«.

»Ich bin ein durch und durch deutsch fühlender Mensch«
Ruth Margarete Roellig (1878–1969)

»Ein bei einer bestimmten Gruppe lesbischer Frauen sehr beliebter Klub ist die ›Violetta‹, die im Nationalhof in der Bülowstraße ihre Abende veranstaltet«, heißt es in einem 1928 erschienenen Stadtführer ganz besonderer Art. Hier, unter »jungen Geschäftsdamen, Verkäuferinnen, Handarbeiterinnen und kleineren Angestellten«, ist man »in jeder Weise bemüht, den an sich nicht auf Rosen gebetteten lesbischen Frauen dieser Kreise ein wenig Frohsinn in das Dasein zu tragen. Vor allen Dingen hat es sich dieser Klub zum anerkennenswerten Ziel gesetzt, Liebe und Verstehen in seine Reihen zu bringen und geschlossen gegen die noch herrschende Ächtung der andersgearteten Frau anzukämpfen, der neuerdings durch eine beantragte Verschärfung des bekannten § 175, den man auch auf Frauen ausdehnen will, eine große Gefahr droht. Ganz abgesehen von den schon an sich ungeheuren Schwierigkeiten, unter denen diese mehr oder minder wirtschaftlich abhängigen Frauen durch Verfeindung mit dem Elternhaus, Anfeindungen im Beruf und gesellschaftlicher Minderbewertung zu leiden haben, würde dadurch schlimmster Erpressung freie Hand gegeben – und manche würde es vorziehen, in den Tod zu gehen, als so weiterzuleben. – Darum der Kampf! Und neben ihm – die Freude des Tanzes.«

Diese Beschreibung des von Lotte Hahm geleiteten Damenclubs Violetta, verknüpft mit einem leidenschaftlichen Plädoyer für die Entdiskriminierung der »Priesterinnen der Sappho«, ist in *Berlins lesbische Frauen* nachzulesen. Die Verfasserin des 1930 bereits in zweiter Auflage erschienenen und inzwischen mehrfach wiederaufgelegten Buches: Ruth Margarete Roellig. Sie beschreibt darin vierzehn Berliner Clubs und Bars – allesamt Treffpunkte »der Frauenwelt«, deren soziale Spannbreite vom

Ruth Margarete Roellig, um 1936

mondänen Club Mali und Igel oder dem Eldorado im Westen Berlins bis zur Taverne am Alexanderplatz reichte.

Die Allgemeinheit aufzuklären »über jene, von denen man offiziell nicht spricht«, und damit Vorurteile abzubauen ist Anliegen dieser Schrift. Das knappe, aber werbewirksam auf dem Titel angezeigte Vorwort des bekannten Sexualforschers Magnus Hirschfeld unterstreicht dieses Vorhaben; insbesondere Eltern und Erzieher seien »mit den Problemen der Gleichgeschlechtlichkeit vertraut [zu] machen, um Mißgriffe der Erziehung und der Berufswahl zu vermeiden«. Obwohl nach 1918 eine bedeutende Wandlung in der öffentlichen Haltung eingetreten sei und lesbische Frauen im Gegensatz zu Österreich nicht strafrechtlich kriminalisiert würden, seien sie doch nach wie vor gesellschaftlicher Ächtung ausgesetzt. »Vielleicht ist das der Grund, daß das Lesbiertum Berlins sich auf ganz bestimmte Lokalitäten beschränkt, in denen die Frauen, frei von jeder gesellschaftlichen oder beruflichen Rücksicht, sich einmal für kurze Stunden ›unter sich‹ fühlen«, meint die Autorin. Sie unterstreicht die Bedeutung der Lokale, in die die Frauen sich »aus der ungeliebten Sphäre bürgerlicher Norm hineinflüchten« könnten, und es sei »durchaus unzeitgemäß, diesen interessantesten Teil des Berliner Nachtlebens behördlicherseits etwa zu unterbinden«. Außerdem weist sie eine Reihe gängiger Vorurteile und Stereotypen zurück und resümiert: »Lesbische Frauen sind weder Kranke noch Minderwertige – lesbische Frauen sind zwar andersartige, aber den normalen völlig gleichwertige Geschöpfe [...].« Wenn man bedenkt, daß zur selben Zeit wahrlich harmlose Zeitschriften wie *Die Freundin* unter das 1926 verabschiedete »Gesetz zum Schutze der Jugend gegen Schund- und Schmutzschriften« fielen und ein Jahr lang nicht erscheinen durften, wird die Notwendigkeit dieses Plädoyers deutlich.

Mit diesem Buch und verschiedenen Gedichten in der *Frauenliebe* (später *Garçonne*) wurde Ruth Roellig besonders in lesbischen Kreisen bekannt. 1930 folgte ihr ebenfalls der Aufklärung verpflichteter Beitrag »Lesbierinnen und Transvestiten«.[1] Sie wendet sich darin gegen religiöse Dogmen und gängige Vorstellungen, die lesbische Frauen etwa als »degeneriert« stigmatisieren, und mutmaßt: »Vielleicht ist es nur die kranke Phantasie der Kirchenväter, die diese Liebe zum Laster stempelt!«

Ebenfalls 1930 erschien im einschlägigen Karl Bergmann-Verlag ihre Erzählung *Ich klage an*, deren Titel wohl nicht zufällig auf Émile Zolas Streitschrift *J'accuse ...!* anspielte. Darin erzählt Ruth Roellig die tragische Geschichte einer Malerin, die nach dem jähen Tod ihrer Geliebten in ihrer Verzweiflung in eine Ehe getrieben wird. »Nur eine Frau meiner Art«, klagt die Protagonistin, die Halbfranzösin Vera, »wird mich begreifen, mir das nachfühlen können, was es heißt, leben zu müssen unter Menschen, denen man fremd und unbegreiflich ist, denen man nicht einmal andeuten darf, wie anders man zu ihnen steht, allein mit seiner Sehnsucht [...].« Nach zwei Jahren trifft sie auf einem Kostümfest des Vereins Berliner Künstlerinnen auf Marion, »Art von meiner Art«. Ihre Sehnsucht nach dieser Frau, der sie schon früher begegnet ist, läßt sich nicht länger unterdrücken, und sie fordert von ihrem Mann Herbert die Scheidung. Dieser will jedoch seinen »Besitz« nicht aufgeben, und ein »Kampf aufs Messer« beginnt. Herbert läßt sie bespitzeln, droht ihr Gewalt und die Einweisung in eine psychiatrische Anstalt an. Erst als er seine Karriere als Schuldirektor bedroht sieht, willigt er in die Trennung ein. Marion hat sich inzwischen jedoch einer anderen Frau zugewandt, und so kehrt Vera am Boden zerstört nach Paris zurück.

»Warum müssen Schmutz, Hohn und Zynismus ausgestreut werden gleich ätzendem Vitriol auf das, was in anderen Farben blüht, als die Gewohnheit es kennt?« klagt Ruth Roelligs Protagonistin gegen Zwang und Doppelmoral. »Wer erlaubt Leben zu zerstören in grausamster Willkür, nur weil es unter fremden Sternen wächst?«

Zwar ist bekannt, daß Ruth Roelligs Laufbahn als Schriftstellerin bereits vor dem Ersten Weltkrieg begann, doch ihr Leben und Werk lassen sich nur lückenhaft skizzieren, da ihr Nachlaß offenbar bei einer Wohnungsauflösung vernichtet wurde. Am 14. Dezember 1878 kommt sie in Schwiebus als Tochter der Gastwirte Anna und Otto Roellig zur Welt. 1887 übersiedelt die Familie nach Berlin, wo die Eltern mehrere große Gastwirtschaften betreiben, unter anderem das Architektenhaus in der Wilhelmstraße, in denen auch die junge Ruth öfter mit anpacken muß. Sie besucht eine Höhere-Töchter-Schule in Berlin sowie ein sächsisches Pensionat und widmet sich dann, wie einem 1936 verfaßten Lebenslauf zu entnehmen ist, »jahrelang ihren privaten Studien«. Nach einer Ausbildung zur Redakteurin 1911/12 ist sie in der Redaktion eines Berliner Verlagshauses tätig. Sie schreibt für literarische Zeitschriften, veröffentlicht Skizzen und Gedichte, etwa im *Lokalanzeiger* oder *Bazar*. Nach Aufenthalten in Finnland, Bonn und Paris kehrt sie 1927 nach Berlin zurück.

1913 erscheint ihr erstes Buch, *Geflüster im Dunkeln*, das die sonderbare Geschichte eines Dichters und seiner »Muse« beschreibt. Nach dem Krieg folgen mehrere Erzählbände und Romane, beispielsweise der im Zirkus- und Theatermilieu angesiedelte Roman *Lutetia Parisiorum* (1920), ein »Sittengemälde« des sinnenfreudigen Vorkriegs-Paris. 1931 folgt *Kette im Schoß*, ein Roman, der die Verwirrungen eines in Berlin lebenden Geschwisterpaares persischer Herkunft schildert und Roelligs Interesse an anderen Kulturen offenbart. Daß sie zeitweise als Sekretärin arbeitet, deutet darauf hin, daß die Tantiemen für ihre Bücher zum Leben nicht ausreichen.

»Ich lernte die Ruth etwa 1927 kennen«, erzählte mir Margarete Knittel, die mit Ruth Roellig bis zu deren Tod 1969 befreundet war. »Sie schrieb ja für die *Garçonne*, und ich schrieb an die Redaktion, weil ich sie gerne mal kennenlernen wollte. Wir trafen uns dann im Dorian Gray, und so lernte ich auch andere Mitarbeiterinnen kennen, wie Erna Müller und Käthe Andree. Ruth hatte eine Freundin in meinem Alter, während sie so alt wie mein Vater war. Erika war Fremdsprachenkorrespondentin bei der Reichsbank. Die beiden waren fast dreißig Jahre zusammen. Wir gingen oft zusammen aus oder trafen uns bei Ruth, die ein sehr gastfreundliches Haus hatte. Alle möglichen Leute verkehrten bei ihr, auch Schriftstellerinnen und Schauspielerinnen. Wer etwa zum Mittagessen zu ihr kam, den nahm sie auf. Zeitweise wohnte bei ihr auch ein Freundinnenpaar, zwei Tänzerinnen, die am Theater waren. Ruth war manchmal etwas versponnen, und sie beschäftigte sich mit Spiritismus und Okkultismus, aber sie hatte eine sehr nette Art.«

Auch die ebenfalls in diesem Buch portraitierte Annette Eick war ein paarmal in Ruth Roelligs »exzentrischer Behausung« in der Schöneberger Lützowstraße zu Gast. Als sie 1937 wegen einer Auseinandersetzung mit ihrer Freundin Francis ihre Wohnung verlassen mußte, wandte sie sich hilfesuchend an Ruth Roellig.

»Ich verbrachte dann zwei Nächte bei der Schriftstellerin Ruth Margarete Roellig, die eine Freundin von Francis war und auch für die *Frauenliebe* geschrieben hatte. Ich weiß nicht mehr, wieso ich zu ihr ging. Aber sie war sehr gastfreundlich und hat mich sofort aufgenommen. Es war sehr eigenartig dort. Sie war, glaube ich, Spiritistin und hatte einen Affen, der wie ein Wahnsinniger überall herumsprang und alles kaputtmachte. Sie hatte eine Freundin, die war ja ganz nett, aber erst neunzehn, und Margarete Roellig war über sechzig. Alles war lila im Schlafzimmer; die ganze Atmosphäre gefiel mir nicht, ich graulte mich etwas und bin dann auch bald wieder weggegangen.«

Die Nazis waren sich über die Bedeutung von Literatur für die ideologische Manipulation des Volkes stets im klaren, und die »Gleichschaltung« des Literaturbetriebes war Voraussetzung für Zensur und Kontrolle. Die Bücherverbrennung am 10. Mai 1933 bildete das öffentliche Fanal für die Aktionen und Maßnahmen »wider den undeutschen Geist«. Bereits im März 1933 waren sämtliche Homosexuellen-Zeitschriften im Rahmen der »Bekämpfung unzüchtiger Schriften« verboten worden; dies war Teil eines Maßnahmenkatalogs der preußischen Regierung zur »Bekämpfung der öffentlichen Unsittlichkeit«, der auch ein Verbot der Freikörperkultur sowie die »Bekämpfung der Absteigequartiere und homosexuellen Lokale« miteinschloß.

Nach Roelligs Eintritt in die nur genehmen »Ariern« vorbehaltene Reichsschrifttumskammer, Vorbedingung für schriftstellerische Arbeit im »Dritten Reich«, erscheinen noch zwei Bücher von ihr. *Der Andere* (1935), ein Kriminalroman, ist keineswegs im Sinne der NS-Ideologie. »Der Andere«, das ist das Alter ego des Menschen, seine verborgene »wahre Natur«. Im Mittelpunkt der in Dresden spielenden Handlung steht der Amerikaner Loyd Warring, der seinem Traumberuf als Schriftsteller ziemlich erfolglos nachgeht. Hinter der um bürgerliche Wohlanständigkeit bemühten Maske verbirgt sich jedoch ein grausamer Raubmörder, der durch die Koketterien seiner dreizehnjährigen »Muse« in die Fänge der Polizei gerät und schließlich Selbstmord begeht, um seiner Verurteilung zu entgehen.

Aber auch in dem Kellner George »schlummerten Heimlichkeiten, tiefe und schwere Geheimnisse«. Der als »fast mädchenhaft schwärmerisch« beschriebene Mann, der etwas für den gutaussehenden Warring übrig hat, ist zwischen den Zeilen unschwer als »versteckter« Schwuler zu identifizieren. Seine Chefin, die resolute, burschikose Elfriede Böger, ist die weibliche Hauptfigur; mit ihrem Faible fürs Reiten und Rauchen ganz »neue Frau« und absolut kein »Gretchen«. Die unverheiratete, studierte Friedel führt eine Pension, die den Mörder zeitweise beherbergt. Friedel hat im Roman die Sympathien der Autorin stets auf ihrer Seite, und am Ende setzt sie ihren Weg selbstbewußt und unbemannt fort.

Zwei Jahre später erscheint im Bertelsmann Verlag ein Werk ganz anderer Couleur. In *Soldaten, Tod, Tänzerin* erzählt Ruth Roellig die angeblich authentische Geschichte einer Frau, die während des Ersten Weltkrieges »im Feindesland gegen Tod und Teufel kämpfte und sich endlich zur Heimat durchschlug«. Dieser »spannende Tatsachenbericht«, so warb der Klappentext, »ist das stille Heldenlied auf deutsche Frauen, die auf verlorener Insel im brandenden Meere des Weltkrieges tapfer den Kampf aufnahmen gegen Durst, Hunger, Kälte und die Bestie Mann«. Die Protagonistin, die bekannte Tänzerin Marion, die im Kaukasus als Tochter »reichsdeutscher« Bauern aufgewachsen ist, macht 1916 eine Tournee durch Rumänien. »Aber ich war doch eine Frau. Und was haben Frauen mit dem Krieg zu tun?« fragt sie sich angesichts der Gerüchte über einen drohenden Kriegseinritt Rumäniens. Als Rumänien im August 1916 Deutschland den Krieg erklärt und die Protagonistin zusammen mit anderen Deutschen und Österreicherinnen als vermeintliche Spionin verhaftet wird, wird sie schnell eines Besseren belehrt. Sie hofft auf

Befreiung durch die herannahenden deutschen »Brüder«, doch kurz vor dem Einmarsch deutscher Truppen wird sie zusammen mit vielen anderen evakuiert. Eine monatelange Odyssee durch Gefängnisse und Ortschaften Rumäniens beginnt. Mit Hilfe eines Kosakenoffiziers gelingt es ihr, nach Rußland zu entkommen. In Kiew entgeht sie knapp der Tscheka, der zaristischen Geheimpolizei, und flieht weiter nach Charkow, immer nur von dem einen Wunsch getrieben, »in die Heimat«, nach Deutschland zu kommen. Sie schließt sich einer Schauspielertruppe hinter der russischen Karpatenfront an und entgeht nur knapp der Verurteilung zum Tode. Unter großen Mühen kann sie auf die österreichische Seite der Front überlaufen; ihr »unstillbares Heimweh« läßt sie alle Hindernisse überwinden. Sie erreicht schließlich bei Kriegsende tatsächlich Berlin, wo sie ihre Familie wiederfindet.

Marion ist eine aktive Heldin, eine selbstbewußte Frau, die ihr Schicksal in die eigenen Hände nimmt. In den Kriegswirren kann sie keine sexuelle Beziehung mit einem Mann eingehen, entzieht sich also ihrer »Bestimmung« zur Mutterschaft. Unter Einsatz ihres Lebens setzt sie sich für ihr Ziel ein: die »Heimat« zu erreichen. Die herkömmliche Unterscheidung zwischen männlicher Aktivität und weiblicher Passivität ist zumindest hier, in der Extremsituation des Krieges, aufgehoben. Der Krieg wird bei Ruth Roellig nicht als Selbstfindung des deutschen Volkes glorifiziert, ebensowenig wird er jedoch hinterfragt. In dem Roman sind Rumänen und Russen für Marions Unglück verantwortlich, nicht Deutschland als Auslöser des Weltkrieges. Der Krieg ist gewissermaßen der Motor für Marions »Heimattrieb«. Dieses Loblied auf die deutsche Heimatverbundenheit war zwar nicht ausschließlich nationalsozialistisch, sondern ebenso Bestandteil völkisch-nationaler Gesinnung, aber durchaus im Sinne der NS-Ideologie.

Voller Abscheu läßt Ruth Roellig ihre Protagonistin die Wirren der russischen Revolution schildern. Auch der Antikommunismus war von Anfang an ein integraler Bestandteil des Feindbildes der NSDAP. Es ist sicher kein Zufall, daß es bei der auf dem Klappentext erwähnten »Bestie Mann« immer um *russische*

Männer geht, die auch vor Gruppenvergewaltigungen der Frauen »des Feindes« nicht zurückschrecken. Mit Ausnahme des »anständigen« Kosakenoffiziers, der ihr zur Flucht verhilft, werden die Russen als Tiere, als »wilde Horden« beschrieben. Immer wieder kann Marion jedoch durch ihren Mut und ihre Russischkenntnisse rettend eingreifen.

Im Roman finden sich auch antisemitische Äußerungen, die verschiedene Stereotypen kolportieren: »Die Juden« werden als erbarmungslose Wucherer und Kinderschänder, als verwahrlost und dreckig dargestellt. Die Protagonistin und eine ehemalige Mitgefangene sehen sich den jüdischen Händlern, die »rechtzeitig alles beim Bauer aufgekauft« hatten, ausgeliefert. Das folgende Zitat (S. 104) kann als Aufruf zur Verfolgung verstanden werden:

Da schrie einer: ›Hinüber zu den Juden, kommt Freunde, wir wollen die Juden ausräuchern. Die Juden haben die Lebensmittel auf dem Lande aufgekauft und halten sie zurück, um die Preise zu steigern. Hin zu den Juden! Hängt die Juden!‹ – Langsam ging die Menschenmenge auseinander. Niemand hatte Lust oder Mut zu einem Pogrom. Nur einige junge Burschen liefen drohend und schreiend vor ein großes Judengeschäft, traten gegen die verschlossene Tür und forderten Lebensmittel. Dann wurden auch sie müde und gingen nach Hause, hungrig und ergeben in ihr bitteres Schicksal.

Wir wußten nun, daß wir uns an die Juden zu wenden hatten, um Lebensmittel kaufen zu können. Ganz tief mußten wir in die Tasche greifen, das stand fest – aber blieb uns ein anderer Ausweg?

Wie ist dieser Roman, der sich auffallend von seinem Vorgänger, *Der Andere*, unterscheidet, zu bewerten? Ist *Soldaten, Tod, Tänzerin* nationalsozialistische Literatur, zu deren Bestandteilen unter anderem Rassismus und die Verherrlichung von Krieg und Gewalt gehören? »Für die Bewertung der Frage, welche Literatur in den Umkreis des Nationalsozialismus gehört, können weder die Parteizugehörigkeit noch eindeutige Solidaritätserklärungen der Autorinnen maßgebend sein, sondern m.E. ist zu fragen nach Zustimmung und Billigung, die ihre Werke erfahren haben«, meint Godele von der Decken in ihrem Aufsatz über

»Frauen-Literatur im Umkreis des Nationalsozialismus«.[2] Wie *Soldaten, Tod, Tänzerin* rezipiert wurde, läßt sich heute jedoch kaum noch feststellen. Mir ist lediglich eine einzige Rezension bekannt, und die fällt keineswegs wohlwollend aus:

Es haben so viele Menschen Grauenerregendes im Sturm der russischen Revolution erleben müssen, es sind so viele erschütternde Tatsachenberichte darüber erschienen, daß daneben die Erlebnisse dieser deutschen Tänzerin wenig bedeutsam erscheinen. Der ›schmissige‹ Titel wird dabei nicht einmal durch eine übermäßig packende Darstellung gerechtfertigt. Alles in allem ein Buch, dessen Nichterscheinen wir ruhig hätten tragen können.[3]

Entscheidend für die Bewertung und Beurteilung des Romans ist meines Erachtens jedoch nicht seine Rezeption, sondern in erster Linie sein Inhalt, der von »Blut-und-Boden«-Ideologie, Rassismus und Antisemitismus geprägt ist. Zu der von G. v. d. Decken ermittelten Gruppe von etwa vierzig Autorinnen, die im Nationalsozialismus »offiziell anerkannt waren, deren Werke verlegt, besprochen und weiterempfohlen wurden«, hat Ruth Roellig, die im übrigen auch kein Parteimitglied war, jedoch nicht gehört.

Waren nun die menschenverachtenden Ideologien in diesem Roman Lippenbekenntnisse oder politische Überzeugung? Hoffte die arbeitslose und offenbar von Wohlfahrtsunterstützung lebende Schriftstellerin vielleicht, auf diese Weise zu Geld zu kommen oder gar Karriere zu machen? Über ihre Motive, diesen Roman zu schreiben, kann nur noch spekuliert werden. Zur selben Zeit, in der Ruth Roellig in ihrem Buch Juden mit Ungeziefer assoziierte, nahm sie jedoch die in Not geratene und von den Nazis als »Nichtarierin« ausgegrenzte Annette Eick bei sich auf.

Ihren 1936 bei der Reichsschrifttumskammer (RSK) eingereichten Lebenslauf schloß Roellig mit den Worten: »Damit wäre alles erörtert, was sich über mein schlichtes, sich in stiller Zurückgezogenheit abspielendes Dasein sagen läßt. Ich bin ein durch und durch deutsch fühlender Mensch und bringe den Bestrebungen unseres verehrten Führers die innigsten Sympathien entgegen.« Diese Loyalitätserklärung läßt jedoch nur bedingt Rückschlüsse auf den ideologischen Gehalt ihres Werkes zu, wie *Der Andere* deutlich macht.

Wie aus Roelligs NS-Personalakte im Berlin Document Center hervorgeht, löste *Soldaten, Tod, Tänzerin* nicht nur Zustimmung aus. Es wurde erwogen, das Buch auf den Verbotsindex des »schädlichen und unerwünschten Schrifttums« zu setzen. Das rumänische Verkehrsamt beanstandete 1938 das Buch und bat die RSK, »in Anbetracht einer besseren Gestaltung der Beziehungen zwischen Deutschland und Rumänien«, das Buch zurückziehen zu lassen. Der Präsident der RSK, der das Buch für »stilistisch gut und politisch einwandfrei« befunden hatte, wandte sich hilfesuchend an das Propagandaministerium und bat dieses um eine Entscheidung. Goebbels' Stellvertreter befand im März 1938, »es besteht keine Veranlassung, den weiteren Vertrieb des Buches zu verbieten«, da Ruth Roellig »eine Herabwürdigung des rumänischen Volkes« nicht beabsichtigt habe und die vom Verkehrsamt beanstandeten Ausführungen »aus der allgemein verworrenen Lage während des Weltkrieges zu erklären seien«.

Spätestens 1938 wurde das Buch, mit dem Ruth Roellig als lesbische Autorin bekannt geworden war, *Berlins lesbische Frauen*, auf die »Liste des schädlichen und unerwünschten Schrifttums« gesetzt, das heißt, die Verbreitung des Buches durch Büchereien und den Buchhandel wurde verboten. Auf derselben Liste standen übrigens auch die einschlägigen Titel von Maximiliane Ackers, Anna Weirauch sowie sämtliche von Erika Mann und Christa Winsloe erschienenen Bücher. 1935 waren die noch in den Bibliotheken vorhandenen Exemplare des *Clubführers* beschlagnahmt und in den »Giftschrank« verbannt worden, und auch im *Kürschner*, dem maßgeblichen Literaturlexikon, sucht man diesen Titel vergeblich.

In ihrem Brief vom November 1936 an die RSK erwähnte Ruth Roellig zwar, daß sie derzeit an einem Roman über die »Verwirrungen im Dasein eines Adoptivkindes« arbeite, »das erst nach langen Schwierigkeiten dahinterkommt, daß es rein arischer Abstammung und nicht wie sein Adoptivvater jüdisch ist«, und Margarete Knittel zufolge schrieb sie während des Krieges an einem Roman über ihre Erlebnisse im Luftschutzkeller. Doch veröffentlicht hat Ruth Roellig in den folgenden Jahren im »Dritten Reich« und wohl auch in der Nachkriegszeit allenfalls Artikel, aber keine Monographien. Entschied sie sich in der NS-Zeit bewußt dafür, nichts mehr zu publizieren, oder machte das Verbot von *Berlins lesbische Frauen* dies unmöglich? Ihre Personalakte gibt darüber keine Auskunft, und so kann auch diese Frage, die Aufschluß über Roelligs politisches Selbstverständnis hätte geben können, nicht mehr beantwortet werden. Soweit rekonstruierbar, enthält ihre Schriftsteller-Biographie beides: Systembejahendes und -abweichendes, das der Zensur zum Opfer fiel.

Margarete Knittel zufolge waren Ruth Roellig und der sich bei ihr treffende Kreis keine Nazis. Man habe über Politik diskutiert und früh erkannt, daß Hitler auf einen Krieg zusteuerte. Nur einmal sei Ruth Roellig bei den Nazis »für ihre Gutmütigkeit fast in Ungnade gefallen«.

»Da war einmal diese Geschichte mit den zwei französischen Zwangsarbeiterinnen, Mutter und Tochter, die sie wohl in einem Geschäft kennengelernt hatte. Die Mutter konnte kein Wort Deutsch, aber Ruth sprach sehr gut französisch und hat den Dolmetscher gemacht. Sie hatte ja auch zwei Jahre in Paris gelebt, und ihre Freundin Eri hatte eine französische Mutter. Die Französinnen waren wohl in einem Sammellager untergebracht; Ruth wohnte damals mit Eri in einer Fünfzimmerwohnung, und da war noch ein Zimmer frei. Sie hat die Französinnen aus Mitleid aufgenommen und für sie gesorgt. Eri machte jedoch einer der beiden Frauen eine Liebeserklärung, worauf diese zur Polizei ging und sagte, daß Ruth und Eri eben homosexuell seien. Wenn die Frau ein bißchen Überlegung gehabt hätte, hätte sie sich doch sagen müssen, daß sie kein Recht bekommt! Dem Polizeibeamten gegenüber gab Ruth ihre Freundin als Pflegetochter aus und stritt alles ab. Die Französinnen wurden dann abgeführt; was aus ihnen wohl wurde? Ruth ist weiter nichts passiert.«

Nachdem ihre Wohnung in der Lützowstraße bei einem Luftangriff auf Berlin im November 1943 zerstört wurde, lebte Ruth Roellig zeitweise in ihrem Landhaus in Schlesien. Dorthin lud sie auch Freundinnen ein, die ebenfalls ausgebombt worden waren.

Nach dem Krieg zog sie mit ihrer Freundin zu ihrer zehn Jahre jüngeren Schwester Käthe nach Berlin-Schöneberg und lebte von Sozialunterstützung. Sie starb hochbetagt am 31. Juli 1969. »Wenn ich sterbe«, hatte sie einmal zu Margarete Knittel gesagt, »kann man sagen, ein sehr glücklicher Mensch ist von uns gegangen.«

Veröffentlichungen von Ruth Margarete Roellig

Geflüster im Dunkeln, München 1913; *Traumfahrt. Eine Geschichte aus Finnland*, Eisleben 1919; *Lutetia Parisiorum*, Weinböhla 1920; *Berlins lesbische Frauen*, Berlin 1928 (als Reprint in Adele Meyer [Hg.]: *Lila Nächte. Die Damenklubs im Berlin der Zwanziger Jahre*. Berlin 1994); *Ich klage an*, Berlin 1930; *Die Kette im Schoß. Roman eines einäugigen Mädchens*, Leipzig 1931; *Der Andere*, Berlin 1935; *Soldaten, Tod, Tänzerin*, Gütersloh 1937.

Anmerkungen

1 Ruth Roellig: »Lesbierinnen und Transvestiten«, in: *Das lasterhafte Weib*. Hg. v. Agnes Eszterhazy. Wien 1930, S. 67–81.

2 Godele von der Decken: »Die neue ›Macht des Weibes‹. Frauen-Literatur im Umkreis des Nationalsozialismus«, in: *Deutsche Literatur von Frauen*. Bd. 2. Hg. v. Gabriele Brinker-Gabler. München 1988, S. 285–293. Siehe auch ihre Dissertation *Emanzipation auf Abwegen. Frauenkultur und Frauenliteratur im Umkreis des Nationalsozialismus*. Frankfurt a. M. 1988.

3 *Baltische Monatshefte*, Dezember 1937, S. 724.

»Die schlechten Mächte rennen um die Welt herum und suchen nach der Seele«
Freia Eisner (1907–1989)

»Dieses Mal liebe ich nur Gott und die Madonna und die Heiligen und meine Freunde und einige meiner Feinde. Damals war ich ganz in Mlle Sp. eingehüllt. Sie hat mich über meine unglückliche Kindheit mit Mama hinweggetröstet und war vor allem der erste Mensch, den ich tief liebte. Daß alles so durcheinander war, lag daran, daß ich in ihr alles sah. Oft denke ich, was sie jetzt zu mir sagen würde. Ich glaube, wer mich kannte, der wußte, daß ich das Allerhöchste eigentlich will – und nun habe ich es. Sie glaubte immer, daß ich einmal eine große Kommunistin werde, wie meine ›weltliche‹ Patin Clara Zetkin. An eine Christin haben wir beide nicht gedacht, das doch das Edelste auf dieser Erde ist. Heute dachte ich, jeder Tanz, den ich in Berlin und Wien in meiner Jugend vertanzt habe, rächt sich an mir. All die Jahre des Exils, jede Minute habe ich zweimal abgebüßt dafür. Auch unsere Tänze im Monokel und im Jolly Joker und Mali und Igel. Jeden Rausch habe ich im Exil abgebüßt, so hoffe ich. Aber die Vergehen mit all den Frauen, die muß ich, so Gott will, im Fegefeuer ausbaden.«[1]

Diese Tagebuchnotiz vom Februar 1943, nach zehn Jahren im Exil, offenbart Freia Eisners Schuldgefühle und innere Zerrissenheit. Doch wenn man bedenkt, welchen Anfeindungen sie wegen ihrer Homosexualität ausgesetzt war, vor allem auch durch die geliebte und verehrte Mutter, dann überrascht ihre gebrochene lesbische Identität kaum noch. Dann wird auch eher nachvollziehbar, warum sie ihre Liebe zu Frauen in diesen Zeilen als »Vergehen« bezeichnet, das im »Fegefeuer« gesühnt werden müsse.

Auf die existentielle Verunsicherung und Entwurzelung, die das Leben im Exil für sie bedeutete, reagierte sie 1941 mit dem

Übertritt zum katholischen Glauben. Kein ganz gewöhnlicher Schritt für eine areligiös aufgewachsene Sozialistin, eine »kämpferische Humanistin«, wie sie sich selbst einmal bezeichnete. Immer wieder setzte sich Freia Eisner zwischen die Stühle. »Meine Persönlichkeit hat nie so richtig reingepaßt; auch hier in der DDR paß ich nirgends hin. Mein ganzes Leben war schon durch meinen Vater nicht so normal.« Mit dem landläufigen Verständnis von »Normalität« stimmte Freia Eisners Leben in der Tat nicht überein, auch nicht mit achtzig Jahren, als ich sie in ihrer kleinen, von Heiligenbildern und Büchern überquellenden Wohnung in Ost-Berlin besuchte. Burschikos, wie sie war, mit einer Schiebermütze auf dem Kopf, in Hosen und Anorak, drehten sich auf der Straße die Leute nach ihr um.

»Über meine Verhältnisse mit Damen haben nur Eingeweihte Bescheid gewußt«, erklärte mir die nach der altnordischen Göttin der Liebe Benannte. »Das sind doch Sachen, wie wenn man sich die Zähne putzt; diese Intimitäten behält man für sich. Vielleicht auch, weil es so schlecht angesehen wird. Die meisten Menschen sind ja neugierig, und wenn sie's dann wissen, zerrupfen sie einen. Es ist ja furchtbar, wenn man plötzlich so angeprangert wird. Ich habe nie gern Propaganda für Homosexualität gemacht, ich wollte nur still und leise vor mich hin leben.«

Ein bescheidener Wunsch. Doch schon Freia Eisners Kindheit ist turbulent, geprägt vom politischen Engagement ihrer Eltern. Der Vater spielt eine wichtige und positive Rolle in ihrem Leben, genauer gesagt, ihr Stiefvater, Kurt Eisner (1867–1919). 1917 heiratet der Journalist und Mitbegründer der USPD die zwanzig Jahre jüngere sozialdemokratische Schriftstellerin Elsa Belli, einst Mitarbeiterin bei Clara Zetkins *Gleichheit*. Deren Vater, Joseph Belli, hatte schon unter Bismarcks Sozialistengesetz das illegale Transport- und Verteilernetz für die Parteiliteratur der SPD in Deutschland aufgebaut. Als am 7. November 1918 die Monarchie in Bayern gestürzt wird, wird Kurt Eisner vom Münchner Arbeiter- und Soldatenrat zum ersten bayrischen Ministerpräsidenten gewählt. Zu seinen ersten »Amtshandlungen« gehört die Verkündung des in langem Kampf erstrittenen

Freia Eisner, 1926

Freia Eisner, 1984

Frauenwahlrechts in Bayern, bevor es Ende November in ganz Deutschland eingeführt wird.

Die Ermordung Eisners im Februar 1919 durch den konterrevolutionären Offizier Arco ist ein Schock, von dem Freia Eisner, die sehr am Vater hängt, sich nie richtig erholt. Fortan versucht sie, sich an seine Lebensmaximen – vor allem seinen leidenschaftlichen Pazifismus – zu halten. Seit dieser Erschütterung leidet sie unter epileptischen Anfällen, die besonders in Streßsituationen auftreten und für die erst nach und nach eine lindernde Behandlung entwickelt wird. Früh lernt sie politische Verfolgung kennen: Sie erlebt Hausdurchsuchungen durch die Polizei; enge Freunde der Eltern, darunter Gustav Landauer, werden ebenfalls ermordet. Nach der blutigen Niederschlagung der Räterepublik Anfang Mai 1919 muß sie mit der Mutter und der zwei Jahre jüngeren Schwester Ruth aus München fliehen. Schließlich kommt Freia bei ihren Großeltern in Stuttgart unter. Schulen kann sie nur unregelmäßig besuchen.

»In der achten Klasse war ein Mädchen, die liebte ich wie eine Verrückte. Ich wußte damals nur, daß junge Mädchen normalerweise den Knaben hinterhersausen, aber mich hat das nicht interessiert. Ich habe eine Art Spiegelaffäre gemacht: Sie wohnte vis-à-vis, und ich hielt einen Spiegel so, daß ich sie immer betrachten konnte. Ich ahnte aber noch nicht, was mit mir los ist.«

In derselben Zeit, mit dreizehn oder vierzehn Jahren, macht sie ihre erste einschneidende, in mehrfacher Hinsicht traumatische sexuelle Erfahrung. Während eines vorübergehenden Aufenthalts bei den Großeltern wird sie von ihrem Onkel mißbraucht. Sie kann sich niemandem anvertrauen und ist den täglichen Nachstellungen des Onkels schutzlos ausgeliefert.

1923 geht sie nach Berlin, wo sie die Fotografin Germaine Krull und die mit ihr befreundete Schriftstellerin Maximiliane Ackers kennenlernt. Deren lesbischer Roman *Freundinnen*, 1923 erschienen, öffnet Freia Eisner die Augen: »Donnerwetter, ich liebe Frauen!« Was sie geahnt hatte, aber nicht in Worte fassen konnte, wird ihr beim Lesen des Romans plötzlich klar. Der Erkenntnisprozeß durch die Literatur spielte für die lesbische Identitätsbildung oft eine wichtige Rolle. Radclyffe Halls *Quell der Einsamkeit*, 1928 in London erschienen, war neben Anna Weirauchs Trilogie *Der Skorpion (*1919–1931) einer der einschlägigen Bestseller.

1925/26 schlägt Freia Eisner sich mit einem Küchenjob in Wien durch. Eine Flucht vor der Mutter, die sich darüber empörte, daß ihre Tochter sich Germaine Krull für Aktaufnahmen zur Verfügung gestellt hatte. Nach Deutschland zurückgekehrt und noch nicht mündig, wird sie von ihrer Mutter wegen ihrer Homosexualität und Epilepsie in eine psychiatrische Anstalt eingewiesen. Ein schwerer Schlag für Freia, die ihre Mutter verehrt und liebt. Nach ihrer Entlassung reißt sie wieder nach Berlin aus und hält sich, wie in den folgenden Jahren auch, mit verschiedenen Hilfsarbeiten über Wasser. Als ihre Mutter sogar versucht, sie zu entmündigen, entschließt sich Freia Eisner 1927, nach Paris zu gehen. Dort arbeitet sie bei der befreundeten Familie Spina als Hauslehrerin und als Verkäuferin in einer Buchhandlung. 1931 kehrt sie nach Berlin zurück und bereitet sich aufs Abitur vor, das sie nun endlich nachholen will. In den Bars der Subkultur findet sie gelegentlich Ablenkung von ihren persönlichen Problemen und der sich zuspitzenden politischen Situation.

»1932 lernte ich in der Monokelbar neben dem Romanischen Café meine Freundin, Gabriele Frenzel, kennen. Es war am 21. Juni 1932, wir haben es damals in einen schönen Freundschaftsring eingraviert, den ich später der Mutter Gottes verehrt habe; jetzt ist er irgendwo in einer Kapelle in Griechenland eingemauert. Sie war damals schon verheiratet und blieb es auch die ganze Zeit. Ich habe verheiratete Frauen geliebt, für die der Mann gesorgt hat, das hätte ich ja nicht machen können. Ich habe seltsamerweise nie gewollt, daß eine Ehe meinetwegen kaputtgeht. Ihr Mann hatte gar nicht viel für sie übrig, wie die meisten Männer ... Was Liebe heißt, habe ich ihr erst beigebracht. Ich hab immer den Kavalier, den Troubadour verkörpert. Wenn ich jetzt daran zurückdenke – was für ein Kamel war ich, denn ich habe nur gegeben.

Abends wollte ich mal ein bißchen ausspannen von diesem ewigen Lernen fürs Abitur, und so bin ich in die Monokelbar gegangen. Dort saß eine Frau, und sofort habe ich mir gesagt, die möchte ich haben. So war ich dann schon. Beim Tanzen bin ich an ihren Tisch und habe sie aufgefordert. Die Schnelltänze hatte ich gern. Dann kam aber der Charleston, und von dem Augenblick an war ich verloren; ich hab sehr schlecht geführt, und ich führte ja immer. Schließlich war Feierabend in dem Lokal, und dann heim mit ihr, nicht eine Sekunde verlieren! Halt halt! *Sie* war diejenige, die bremste. Ich glaube, ich durfte erst nach drei Tagen bei ihr anrufen; die Telefonnummer hatte ich gekriegt. Sie war sehr eigenartig; Angst hat sie gehabt vor mir, obwohl ihr Mann ja weg war und sie machen konnte, was sie wollte. Daß es mit uns ernst wird, hat sie nicht geahnt.

Schließlich haben wir uns wieder getroffen. Sie wollte sich so mit mir nicht sehen lassen, denn ich trug ein Kostüm, Jacke und Rock, und die Haare so kurz wie jetzt. Das hat sie geniert, sie wollte nicht erkannt werden. Ich mußte mir ein paar Locken machen und mehr Damenkleider tragen. Hosen sind ja erst jetzt ohne Schererein möglich. Was war das früher für ein Theater, wie oft bin ich in Wien auf der Wache gelandet, wenn ich nachts spät heimkam. Da sind mir die Polizisten hinterher und haben geguckt; sie haben mir die Handgelenke abgemessen und gedacht, ich bin ein verkleideter Mann. Das ist wirklich Verfolgung, wenn man sich's überlegt.

Eines Abends sind wir rüber zum Zoo, zu einem Lokal, wo schon so ein SA-Kerl dastand. ›Was ist denn da los? Da geh ich doch gleich wieder heim!‹ – ›Gott sei Dank, daß die da sind‹, sagt sie. Sie hatte zwar was übrig für mich und wollte mich kennenlernen, aber auf der andern Seite fing das mit ihrer Sympathie für die Nazis damals schon an. Sie dachte, die bringen das Land wieder in Ordnung. Ich bin dann mit ihr nach Halensee, dort hatte sie eine schöne Wohnung. Sie hat was zu essen gemacht; im Haushalt bin ich nicht so bewandert, es interessiert mich auch nicht. Während sie in der Küche ist, gibt sie mir die *Berliner Illustrirte* zum Anschauen, und in der Mitte ist ein Bild von meinem Vater und meiner Mutter – unter der Überschrift ›Novemberverbrecher‹. Mir schießen die Tränen in die Augen, und ich sage, ›Du kannst gleich zu deinem Mann gehen und sagen, du hast die

Tochter vom Eisner in deiner Wohnung‹. Da war sie fertig! Das konnte sie ja nicht ahnen. Ich wußte, politisch war sie deutschnational, gewählt hatte sie Hitler. Ich sagte ihr damals schon, ›Da hast du also gegen mich gewählt‹. Sie war nicht so scharf auf die Nazis. Sie hatte ja eigentlich keine Karriere zu machen, außer daß sie mit ihrem Mann zusammen war. Dennoch, persönlich waren wir befreundet, und so allmählich hatte ich geglaubt, daß sie geradesteht für mich – was sie nicht gemacht hat.«

Ende 1932 folgt Freia Eisner ihrer Freundin nach Magdeburg, wohin Gabriele Frenzel inzwischen mit ihrem Mann, dem Direktor der Siemenswerke, gezogen ist. In Magdeburg will sie Ostern 1933 ihr Abitur machen. Doch dazu kommt es nach der Machtübernahme der Nationalsozialisten nicht mehr. Als Tochter des bei den Nazis so verhaßten »Novemberverbrechers« Kurt Eisner, der zudem Jude war, ist sie in Gefahr. Wozu die Nazis fähig sind, erlebt sie bereits 1932 am eigenen Leib, als sie eines Abends auf offener Straße wegen ihres vermeintlich »jüdischen« Aussehens zusammengeschlagen wird. Viele ihrer Familienangehörigen werden nach 1933 verfolgt und ermordet: der Halbbruder Hans-Kurt wird im Februar 1933 verhaftet und nach zehn Jahren KZ-Haft in Buchenwald ermordet; die Schwester Ruth wird im März 1933 verhaftet, kann aber in die Schweiz entkommen. Ihre nichtjüdische Mutter wird ebenfalls verhaftet, aus Deutschland ausgewiesen und begeht 1940 in Frankreich Selbstmord, als die Nazis sie in ihrem Versteck finden. Freia Eisner entschließt sich zur Flucht nach Schweden. In Stockholm lebt die schwedische Schriftstellerin Karin Boye (1900–1941), die sie bei deren Berlin-Besuch im Sommer 1932 kennen- und liebengelernt hatte.

»1933 sagte ich mir, ich muß raus, den Nazis will ich nicht in die Quere kommen. Mein Paß war abgelaufen, nun mußte ich nach Berlin zum Polizeipräsidium am Alexanderplatz fahren. Ich dachte, hoffentlich merkt der Beamte nichts. Es war sehr gefährlich, denn Eisners Name war doch ziemlich bekannt, und meine Schwester und mein Bruder waren schon verhaftet. Ich bin zurück nach Magdeburg, wo ich den Paß wiederkriegen sollte. Meine Freundin – sie hat sich übrigens kolossal blond gemacht, die Leute wurden alle über Nacht blond – kam mit mir aufs Amt.

Soviel Mut hatte sie doch, sie wollte mir beistehen. Bei dem zuständigen Beamten sagte ich zum ersten Mal, mein Vater sei verstorben, sonst habe ich immer ›ermordet‹ gesagt. Ist ja auch wahr! Dabei hat der Kerl ganz genau gewußt, wer ich war. Als ich sah, daß der Paß für In- und Ausland ausgestellt ist, war ich sehr erleichtert, denn ich wollte ja zu Karin nach Schweden, damals das einzige Land, wo kein Visum nötig war. Ich hatte also in Magdeburg Glück gehabt.«

Am 31. März, am Vorabend des sogenannten Boykott-Tags, der ersten öffentlichen antijüdischen Aktion des NS-Regimes, steigt Freia Eisner in den Zug nach Stockholm.

»Bei der Überfahrt im Zug dachte ich, wenn es Schwierigkeiten gibt, reiße ich das Abteilfenster auf und springe ins Stettiner Haff. Karin holte mich in Stockholm ab; damals war Margot, die sie 1932 in Berlin kennengelernt hatte, schon bei ihr. Margot war ein armer Kerl, hat sich aus Verzweiflung über Karins Selbstmord im Sommer 1941 selbst das Leben genommen. Karin war ein feiner Mensch und hatte immer noch was für mich übrig. Sie hat mir zuerst ein Zimmer bezahlt und mich dann zu Lilian Löwenadler geschickt, die mich sehr gern hatte. Lilian war eine bildschöne Frau, aber ein Biest, eine Sadistin! Sie lebte in einem kleinen Haus und hatte ihren treuen Max, eine Frau. Was in Schweden Homosexuelle rumgerannt sind – ich habe gestaunt, denn ich kannte das gar nicht so. Ich war immer sehr diskret gewesen.

Jedenfalls lebte ich in Lilians Haus, denn ich wußte ja nicht, wohin. Dann kriegte ich die falsche Nachricht, daß Hans-Kurt tot sei; ich aß nichts mehr, wollte niemanden mehr sehen, mit mir war nichts mehr zu machen. In Schweden war ich nur ein paar Monate. Ich bin im Frühjahr hingekommen, und zu meinem Geburtstag kam meine Freundin noch mal zu Besuch, demütig, zerknirscht. Ich war dann wieder diejenige, die sagte, ›Du kannst dieses Leben hier nicht mitmachen; geh heim zu deinem Mann, da hast du wenigstens dein Essen‹. Sie hat mich überredet, daß ich über England nach Frankreich fahre. ›Geh nach Frankreich, da kennst du dich aus, dort ist es besser für dich.‹ Lilian wollte noch was von mir – *l'amour, l'amour* –, aber ich konnte nicht mehr. Es ist schrecklich, wenn man's bedenkt, die haben alle gewußt, ich komme aus Deutschland, habe Kummer, meine besten Freunde wurden verfolgt. Eine war Tennischampion, sie war Jüdin, hat sich umgebracht. Ich hatte eine schlimme Zeit hinter mir.«

Freia Eisner fährt nach Frankreich und sucht Zuflucht bei ihrer französischen Freundin und deren Mann, dem sozialistischen Abgeordneten Spina. Doch die haben kein Verständnis für ihre Notlage und bringen sie umgehend zum nächsten Bahnhof. Also fährt sie nach Paris, kehrt aber im November 1933 aus Sehnsucht nach der Geliebten für ein paar Wochen nach Deutschland zurück. Ein Abenteuer, das allzu leicht mit ihrer Verhaftung, mit »Sippenhaft«, hätte enden können.

»Ich kam von Straßburg rüber nach Süddeutschland; von dort bin ich raufgefahren nach Berlin. Bei dem Dienstmädchen von Lisa, einer alten Freundin von mir, bin ich untergekommen. In einem fensterlosen Verschlag habe ich geschlafen, hab den ganzen Tag dort gelegen und gewartet, bis das Dienstmädchen kommt. Abends hat sie mir einen Mehlbrei gekocht, und wir sind ein bißchen um den Block rumgegangen. Lisa hat sich nicht rübergetraut, furchtbar war das! Ich hatte mich zwar dann doch irgendwo mit ihr getroffen, aber wo ich hinkam, hatten die Leute Angst. Und da habe ich mir gesagt, was hast du hier eigentlich noch zu suchen, nichts wie weg. Gabriele hatte ihrem Mann was vorgelogen, daß sie zur Schneiderin nach Berlin muß. Er sollte nicht wissen, daß sie bei mir ist. ›Mach, daß du wegkommst, du bist in Gefahr, fahr nach Frankreich‹, sagte sie und hat mich in den Zug nach Frankfurt gesetzt. Die Abschiede waren immer grausam. Ich hab epileptische Anfälle gekriegt, es waren furchtbare Zustände.

Ja, wenn sie gewollt hätte, wäre sie so wie ich stehenden Fußes raus aus Deutschland. Dann hätten wir zusammen geguckt, wie es ist, aber so ist es eben nicht gewesen. Das war natürlich immer ein kleiner Riß. Ich hatte ihr geistig viel beigebracht, aber es hat nicht gereicht, daß sie den Mut zur Emigration hatte. Die Trennungen von ihr haben meine emotionale Lage sehr schwer gemacht, es war aussichtslos. Denken Sie doch, in dieser sechsjährigen Freundschaft haben wir uns vielleicht nur sechs Monate insgesamt getroffen.«

Es fällt ihr nicht leicht, sich diese Enttäuschung einzugestehen. Zur Entlastung fügt sie deshalb hinzu, daß Geldmangel die Freundin von einer Emigration abgehalten hätte und daß sie, Freia Eisner, sich nicht in der Lage gesehen habe, die »Ernährerrolle« für ihre anspruchsvolle Freundin zu übernehmen.

»Ich wollte genug Geld verdienen, um sie zu halten, um ihr ein Leben bieten zu können. Hab gespart, nichts gegessen, aber es war ja unerreichbar. So viel hätte ich nie verdienen können, daß ich ihr ein Auto geben kann, und sie hat Pferde- und Tennissport gemacht, sie war eben aus der Gesellschaft. Wir wären dann beide in Armut gewesen, und das wollte ich ihr nicht zumuten.«

Ende 1933 fährt Freia Eisner wieder zurück nach Frankreich, wo eine Odyssee durch Absteigen und psychiatrische Anstalten beginnt, die sie wegen der epileptischen Anfälle und weil sie sonst keine ärztliche Hilfe findet, aufsuchen muß.

»In Paris wohnten ja damals viele in Hotels, in kleinen Zimmerchen. Ein kleines Bett habe ich mit einer jüdischen Bekannten geteilt, und ich bin immer umgefallen vor Hunger. Wir waren oft im Café du Dôme, dort haben andere Emigranten gemeint, ich sollte zu einem katholischen Kloster gehen. Was hat die Oberin mich angeschnauzt, anstatt mir ein Stück Brot zu geben! Mein Vater sei selbst schuld, daß er ermordet wurde, weil er die Revolution mitgemacht habe ... Ich kam zurück ins Café und fiel vor Hunger untern Tisch. Ich glaube, die Journalisten dort haben mir ein Abendessen spendiert. Es war ein Jammer. Ich war inzwischen ein armer Hund geworden, ein *réfugié*, ein Emigrant. Durch den Direktor der Sorbonne, dessen Tochter ich vor 1933 Deutschstunden gegeben hatte, bekam ich dann eine Anstellung in einem Lehrerinnenseminar in einem kleinen Nest im französischen Jura. Ich habe Deutschunterricht gegeben, bekam kein Geld, aber ich konnte dort essen und schlafen.

Ein französischer Arzt, ein Friedensfreund, hat 1935 alles in die Wege geleitet, damit ich nach England komme – aber ohne daß ich mit ihm dafür ins Bett ging! England war meine Rettung. Ich kam nach Cambridge, weil dieser Freund eine Bekannte hatte, eine Lehrerin von der *Finishing-School*, wo die höheren Töchter Manieren lernen. Ich tat zuerst nichts anderes, als daß ich mit denen zum Friseur oder ins Museum ging; ein Nichts war ich da! Ich war sehr verzweifelt und habe meine Freundin in Deutschland angerufen, daß ich heim will. ›Bist du denn wahnsinnig!‹ sagte sie. Dann wollte ich, daß sie mich besucht, aber sie kam nicht. Ich konnte nicht mehr. Ich mußte ja auch immer in der Schule verstecken, daß ich Epilepsie habe. Ich hatte wohl Mittel gegen diese Anfälle, aber sie waren nicht so kräftig, daß sie wirklich helfen konnten. Da habe ich so viel davon genommen, daß ich dachte, jetzt ist es aus. Das war am 6. Dezember 1935, am Nikolaustag. Bevor ich das Zeug nahm, sagte ich mir, wenn's einen lieben Gott gibt, dann bleibe ich am Leben, wenn nicht, dann nicht. Ich war vollkommen fertig, kaputt; ich hab mich sozusagen von meinem Vater verabschiedet und mich bei ihm für diesen Schritt entschuldigt. Ich hatte so viele epileptische Anfälle, daß ich nicht mehr wußte, wie weiter. An dem Tag, als er ermordet wurde, hatte ich mir versprochen, die Fackel weiterzutragen, seine Arbeit fortzusetzen. Ich habe eigentlich auch mein Leben entsprechend eingerichtet.

Ich kriegte dann nur noch ganz unpersönliche Briefe von meiner Freundin mit Fragen nach meinen englischen Freunden, die ja zum Teil ziemlich hochgestellt waren. Ich habe später von ihr erfahren, daß ihr Schwager, der Gauleiter vom Saarland geworden war und durch den sie das goldene Parteiabzeichen bekam, wollte, daß sie an mich schreibt und mir diese Fragen stellt. Sie wollte aber wohl nicht als Spitzel arbeiten und hat deshalb auch nicht mehr geschrieben. Ich ahnte davon ja nichts. Es ist schrecklich, wenn man so wartet und keine Nachricht hat; ich konnte ja nichts begreifen. Ihr Schweigen hat mich fast umgebracht. So hörte der Kontakt dann auf.«

Als Freia Eisner nach ihrem Selbstmordversuch mit ausgepumptem Magen im Krankenhaus aufwacht, steht die wohltätige Leiterin eines Sanatoriums vor ihrem Bett, die sich ihrer annimmt.

»Diese Frau war fabelhaft, sie konnte helfen und hatte heilende Hände. Sie war sehr christlich, evangelisch. Nach und nach wurde sie meine englische ›Mutter‹. Vom Sanatorium, wo ich das beste Zimmer kriegte, kam ich zu ihr nach Hause; sie und ihr Mann haben mich als Haustochter behalten. Monatelang wohnte ich dort, und dann ging's mir besser. Aber ich wollte nicht ewig abhängig sein, ich wollte selbständig sein und mein eigenes Geld verdienen. Ich habe Beziehungen nie ausgenutzt; das hatte ich von meinem Vater gelernt. Ich bin immer ich selbst gewesen.

Wissen Sie, ich dachte wegen Mama immer, ich bin dumm, ich kann nichts, ich habe kaum Selbstvertrauen gehabt. Aber meine englische Freundin hat mir geholfen, wo sie nur konnte. Sie hat dafür gesorgt, daß ich Studenten von Cambridge bekam. Ich wurde *private tutor* für Französisch und Englisch, das war eine große Sache. Ich habe mir dann ein Zimmer im internationalen Clubhaus gemietet und mich mit Stundengeben durchgeschlagen. Es war viel Arbeit, ich mußte wirklich schuften. Englisch hatte ich nebenbei gelernt, und zwar ein gutes Englisch, denn die Engländer sind sehr extravagant, was für einen Akzent man hat. Man kann Englisch sehr schnell lernen, aber den richtigen Ton zu treffen ist schwierig. Ich habe von meiner Muttersprache nur in die Landessprache übersetzt, und da ich Französisch konnte, war ich täglich mit drei Sprachen beschäftigt.«

Seit Kriegsbeginn wendet sich Freia Eisner immer mehr dem Katholizismus zu. Angesichts der täglichen Konfrontation mit dem Tod durch deutsche Luftangriffe gewinnt für sie die Vorstellung an Bedeutung, daß es ein Leben nach dem Tod gibt, daß »etwas vom Menschen ewig und heilig wird«.

»Die englische Freundin hat eigentlich den Samen für meine Hinwendung zum katholischen Glauben gelegt. Damals war ich wohl schon gläubig, ohne es zu ahnen. Ich war ja in Not, und durch sie hab ich vom lieben Gott gelernt. Ich habe dann alles auf Gott gesetzt: entweder – oder. Außerdem, wer hat mich denn wieder ins Leben zurückgeholt, am Nikolaustag! Auch dachte ich, wenn ich Katholik bin, erwischt mich Hitler nie wieder. Als ob sich eine Wand öffnet. Im Glauben kann er mir nichts mehr anhaben.«

Am 31.3.1941, auf den Tag genau acht Jahre nach ihrer ersten

Flucht aus Deutschland, tritt Freia Eisner zum römisch-katholischen Glauben über. Es ist vielleicht nicht zuletzt das Keuschheitsgebot, das ihr den Katholizismus als Rettung verheißt, als Rettung vor sexuellen Bedürfnissen, die für sie zunehmend mit Schuldgefühlen besetzt sind.

»Ich bin beinah gestorben vor Onanieren. Was mutet man den Menschen zu, die voneinander getrennt werden! Wir haben nun mal diesen Naturtrieb, und wenn ich heute zurückschaue, wo das schon lange bei mir überwunden ist, sage ich, der Mensch ist wirklich ein Tier. Die Triebe sind tyrannisch – man kann denken, was man will, aber es ist doch so: Der Teufel ist da, die schlechten Mächte rennen um die Welt herum und suchen nach der Seele. Mein Vater sagte immer, man soll seine Seele nicht verkaufen. Das ist es eben, der Teufel zieht sich schillernde Gewänder an, und keiner kommt dahinter, daß er eigentlich in seiner Macht steht.

Das Keuschheitsgebot war eine Art Rettung für mich, insofern ich lernte, daß der Mensch Sexualität nicht braucht. Weil man ja darunter leidet. Ich hab mir überlegt, Menschenskind, wegen zwanzig Minuten, dann ist das Glücklichsein und die Wonne dahin, deswegen machst du so 'n Kram? Hör doch auf! Ich hab mich sehr mit dem lieben Gott unterhalten, und der Heilige Aloysius, der ja für die Keuschheit ist, ist mein Schutzpatron geworden, das hat eine große Rolle gespielt. Ich fand, es ist vermessen zu glauben, man kann es alleine; Gott muß uns helfen, dann kann ich auch das. Ich bekam dann Unterricht von einer ganz fantastischen Nonne in diesem Kloster in Cambridge. Später ist sie Oberin geworden. Ich habe so viel gelernt über die Tugenden und gearbeitet und immer wieder den Menschen geholfen; das war ja in meiner Familie, bei meinem Vater, schon so gewesen.

Anfangs in Cambridge hatte es eine Dame gegeben, die mir gefiel, aber ich hatte keine Gelegenheit, es war ja nicht so wie früher in Berlin, wo man in die Bars ging und was suchen konnte. Ich war nicht in den Homosexuellen-Kreisen in England; ich glaube, ich hätte Angst davor gehabt, und habe auch gar nicht danach gesucht. Aber diese englische mütterliche Freundin war wunderbar. Ich bin von ihr sehr geliebt worden, ohne daß Sexualität eine Rolle spielte. Ich habe mich sehr in acht genommen, weil ich das nicht wollte, gerade auch bei ihr nicht. Es war so drollig, sie wollte in der Badewanne immer den Rücken gebürstet haben. Aber ich dachte, laß die Finger davon, ich möchte nicht, daß ich mich da plötzlich runterneige und anfange, sie zu küssen. Also hab ich mich zusammengenommen, und dann merkte ich, daß man in England auch ohne handgreifliche Dinge lieben kann.«

Freia Eisner leidet unter der Rechtlosigkeit als Emigrantin im fremden Land; noch mehr aber darunter, daß die Nazis ihr die Heimat und 1937 gar mit der Ausbürgerung die deutsche Staatsangehörigkeit geraubt haben. »Es war, als sei etwas von mir gestorben. Nun war ich ohne Papiere, kein Land würde mich mehr aufnehmen, und dennoch war ich für England immer Deutsche.« Wie alle anderen Flüchtlinge aus Deutschland mit Kriegsbeginn zum *enemy alien*, zum »feindlichen Ausländer«, erklärt, verliert sie ihren Job in einer Fremdsprachenschule. Das für die Beurteilung ihres »Falles« zuständige Tribunal spricht sich jedoch gegen eine Internierung aus, von der viele der anderen Flüchtlinge vorübergehend betroffen sind. In Cambridge und zeitweilig in London arbeitet sie unentgeltlich für Flüchtlingsorganisationen und schlägt sich mit verschiedenen Jobs durch, mal als Aktmodell, mal als Übersetzerin oder Sprachlehrerin.

»Ich habe jede Arbeit unter der Sonne gemacht. Nach dem Krieg habe ich beispielsweise für den jüdischen Club die armen Kinder aus Bergen-Belsen in Englisch unterrichtet, bevor sie dann weiter nach Palästina gingen. Als die Lager geleert wurden, kamen die Überlebenden mit den Schiffen in Harwich an, und ich holte sie ab. Als zivile Helferin brachte ich die Leute mit dem Zug nach Cambridge; es waren *displaced persons* vom Baltikum bis zum Balkan darunter. Ich ging mit Essen herum und in ein Abteil rein, in dem Polen waren. Einer fragte, ob ich Engländerin sei. Ich habe es nie geleugnet, ich sagte, ›Nein, ich bin Deutsche‹. Ich habe gedacht, die packen mich, machen's Fenster auf und schmeißen mich raus! ›Seid ihr denn alle verrückt‹, sage ich auf englisch, ›ich bin ein Emigrant, ich bin genauso von Hitler rausgeschmissen worden wie ihr!‹ und hab losgelegt, und dann war Ruhe. Das ist eben die Disziplin, man arbeitet an sich, man muß sanft sein, sonst ist man kein Christ. So bin ich mit ihnen wieder klargekommen.«

Einige Jahre nach Kriegsende sieht sich Freia Eisner gezwungen, England zu verlassen. Ihr Wunsch, in einer englischen Ordensgemeinschaft der katholischen Kirche zu leben, scheitert, da man ihr ein Verhältnis mit der Oberin nachsagt. Um 1950 kehrt sie ins badische Gengenbach zurück, wo sie bis Mitte der siebziger Jahre lebt.

Die von ihr herbeigeführte Wiederbegegnung mit der einstigen Geliebten verläuft traumatisch. Erst jetzt führt kein Weg mehr an der schmerzhaften Erkenntnis vorbei, daß Gabriele Frenzel sie bereits vor Jahren im Stich gelassen hat.

»So wie man die Fäden eines Teppichs neu verknüpft, so habe ich alle alten Bekannten und Freunde nach dem Krieg in Deutschland aufgesucht. Ich bin auch ins Saargebiet gegangen, wo meine Freundin und ihr Mann untergekommen sind. Ich erschien also bei ihr in der Nähe von Saarbrücken – hat sie eine Angst gehabt! Sie dachte, daß ich ihr jetzt wer weiß was antue, weil sie Nazi war. Ich habe stur auf der Treppe vor dem Haus gewartet. Sie ist vor mir weggelaufen, als ob sie ein schlechtes Gewissen hat. Und ich mach die ganze Reise mit allen Opfern, und sie rennt mir weg, das geht doch nicht! Dann kam ihr Mann, und, was typisch für diese Nazis ist, so was von schmierig-freundlich war er. Dann waren wir in der Wohnung, ich habe dort übernachtet. Abends sagte sie zu mir, sie habe mir dann nicht mehr geschrieben, weil sie von ihrem Mann überwacht wurde. Es war ja die größte Gemeinheit und die größte Sauerei, die existierte, daß sie mich im Stich gelassen hat. Man kann nicht sagen, ich liebe dich, und dann macht man so was. Anfangs kam sie ja noch mal zu mir nach Paris. Aber sie sagte dann, ›Ich muß in dieses schreckliche Deutschland wieder zurück‹. Doch sie hätte ja bei mir bleiben können! Aber Armut war nicht ihr Fall.

Zum Abschied hat sie mir noch eine Schachtel Zigaretten geschenkt; ich war ja immer arm, ich hab sie schließlich genommen und bin wieder abgereist. Ich war dann eigentlich diejenige, die sie verlassen hat. Das Liebste, was ich auf der Welt hatte, wollte ich dem lieben Gott opfern oder schenken, und das war sie. So ist es geblieben. Ich hatte ihr nach dem Besuch noch einmal geschrieben, ›Es war sehr nett, daß wir uns getroffen haben‹. Dann ist der Kontakt eingeschlafen. Ich hatte ihrem Mann sogar noch einen Persilschein für die Entnazifizierung gegeben. Als sie dann aber beim Entschädigungsamt für mich aussagen sollte – weil sie doch wußte, daß ich emigrieren mußte! –, hat sie am Telefon alles abgeleugnet. ›Mir wird auch nicht geholfen‹, so in dem Stil.«

Nach dem Krieg steht Freia Eisner ohne Ausbildung da. Eine Laufbahn im diplomatischen Dienst, ihren Traumberuf, hatte sie im Faschismus nicht einschlagen können. Wie für viele andere aus ihrer Heimat Vertriebene beginnt auch für sie nach dem Krieg der Kampf um finanzielle Entschädigung. Ihr Entschädigungsantrag wegen eines »verfolgungsbedingten Ausbildungsschadens«, wie es im Bürokratendeutsch heißt, und ihr Antrag auf eine Ausbildungsbeihilfe werden 1955 vom Freiburger Landesamt für die Wiedergutmachung abgelehnt. Mit einer »Begründung«, deren Zynismus in der BRD leider keine Ausnahme ist:

Die Antragstellerin befand sich im Frühjahr 1933 nicht in einer Ausbildung zu einem selbständigen Beruf, sondern noch auf einer Schule, der Vorbildungsanstalt Dr. Schrader in Magdeburg. Vorberufliche Schädigungen haben aber im Bad.[ischen] EG [Entschädigungsgesetz] keine Regelung gefunden. Zudem fehlt es an den weiteren Voraussetzungen. [...] Nach ihren eigenen Angaben ist sie [Freia Eisner] vom Schulbesuch und vom Examen nicht ausgeschlossen worden; sie hat beides nur befürchtet. Ob zu Recht, mag zweifelhaft sein, da sie keine natürliche Tochter Eisners war und sich von ihrer Familie weitgehend entfernt und entfremdet hatte. Ausschlaggebend aber ist, daß bei der mangelnden Zielstrebigkeit der Antragstellerin, ihrer Unstetigkeit und Neigung zu Versagungszuständen nicht wahrscheinlich ist, daß sie das Abitur bestanden hätte. Aus dem gleichen Grunde und da die Antragstellerin bereits achtundvierzig Jahre alt ist, muß auch der Erfolg der geplanten Berufsausbildung als Dolmetscherin höchst fragwürdig erscheinen.

Schließlich wird ihr doch noch von anderer Stelle eine kleine Entschädigung zuerkannt; trotz der Einwände, die offenbar wegen ihrer Homosexualität vorgebracht werden. Für eine regelmäßige Erwerbsarbeit ist ihre Gesundheit zu zerrüttet. Dennoch engagiert sie sich als überzeugte Pazifistin und Antifaschistin in verschiedenen (Frauen-)Friedensorganisationen, wie der Deutschen Friedensunion und der Women for World Disarmament. Nach aufreibenden Prozessen gelingt es ihr, das elterliche Haus in Gengenbach, das 1934 von den Nazis enteignet worden war, wiederzuerhalten. Sie kümmert sich auch um den Nachlaß ihres Vaters, den der letzte Lebensgefährte ihrer Mutter an sich genommen hatte, und übergibt ihn 1959 dem Institut für Marxismus-Leninismus im ZK der SED.

1975 übersiedelt Freia Eisner zu ihrer Schwester Ruth nach Ost-Berlin, wo sie mit achtundsechzig Jahren dank einer Rente als »Opfer des Faschismus« zum ersten Mal in ihrem Leben keine finanziellen Sorgen hat. Zur ideologischen Heimat wird ihr die DDR allerdings nicht. Nach mehreren Schlaganfällen stirbt sie im Juli 1989.

Anmerkung

1 Der Teilnachlaß Freia Eisners, dem diese Textpassage entnommen wurde, befindet sich in der Stiftung »Neue Synagoge Berlin – Centrum Judaicum«.